통通성경학교 STEP 1

7가지 질문

: 제사장 나라 하나님 나라 알기

7 Questions

7가지 질문 : 제사장 나라 하나님 나라 알기

초 판 1쇄 발행 2015년 8월 31일
4쇄 발행 2018년 6월 23일

지은이 · 조병호
펴낸곳 · 도서출판 **통독원**
디자인 · 전민영

주소 · 서울시 강남구 논현동 278-3
전화 · 02)525-7794
팩 스 · 02)587-7794
홈페이지 · www.tongbooks.com
등록 · 제22-2766호(2005.6.27)

ISBN 978-89-92247-89-4 03230

통通성경학교 STEP 1

7가지 질문

: 제사장 나라 하나님 나라 알기

조병호 지음

통독원

들어가면서

네 자녀에게 가르치라 - 제사장 나라, 하나님 나라

대한민국은 농부든 어부든 모든 국민 한 사람 한 사람이 다 나라의 주인인 나라입니다. 그런데 아직도 공직에 나가 일하는 공무원들만이 '나랏일'을 한다고 착각합니다.

하지만 대한민국 국민들이 하는 일은 모든 일이 다 개인적인 일이자, 가정적인 일이고, 동시에 국가적인 일이라는 사실을 인식해야 합니다. 왜냐하면 우리 국민 한 사람 한 사람이 모두 우리나라의 주인이기 때문입니다.

민주주의 체제하에서 국민의 손으로 선출된 대통령은 주어진 임기 동안 자리가 보장된 '왕'이 아닙니다. 대통령은 국민들이 위임해준 권리를 가지고 국민을 대표하는 사람으로 국가

발전을 위해 헌신해야 하는 사람입니다.

때문에 책임과 의무가 막중하다고 할 수 있습니다. 그러므로 국민들의 권한을 위임받은 대통령을 비롯한 공직에 종사하는 모든 사람들은 결코 권력을 사유화해서는 안 됩니다. 권력의 공공성을 지키는 공직자만이 진정한 국민의 공직자이기 때문입니다.

이 사실은 우리 자녀들이 학교에 들어가기 전부터 부모에게 배워서 알고 있어야 합니다. 그래야 우리나라의 밝은 미래를 기대할 수 있습니다.

미국의 초대 대통령 조지 워싱턴(George Washington, 1732-1799)이 처음 대통령에 선출되었을 때 미국의 대다수 국민들은 대통령직에 대해 잘 이해하지 못했다고 합니다. 그를 선출된 국왕이라고 생각했던 것입니다.

심지어 대통령 자신도 처음에는 그렇게 생각했다고 합니다. 그래서 조지 워싱턴 대통령은 유럽의 왕실처럼 많은 파티를 열었고, 영국과 프랑스의 국왕들처럼 미국 전역을 호화롭게 여행하였으며, 미국 국민들도 마치 국왕을 맞이하듯 대통령을 맞이하며 환호했다고 합니다. 그러나 미국은 차츰 대통령과 국민들 모두 민주주의 체제와 대통령제에 대해 알아가게 되었습니다.

1789년-1797년까지 두 번에 걸친 조지 워싱턴의 대통령 임기가 끝나자, 민주주의 체제의 이해와는 달리 미국 국민들은 그가 사망할 때까지 종신 대통령직에 머물러줄 것을 간청했다고 합니다.

그러나 조지 워싱턴은 대통령직을 더 이상 수행하는 것에 대해 단호히 거절했습니다. 그는 고별사를 통해 '내가 만약 대통령직을 3번이나 맡는다면 장기 집권을 위한 무서운 성치 싸움이 벌어질 것' 이라고 말하며 대통령직에서 물러났습니다. 그는 '미국 건국의 아버지' 라는 명예를 얻으며 평범한 한 시민의 자리로 돌아갔고, 그 후 미국의 대통령들은 이 전통을 따르며 민주주의를 지켜나가고 있습니다. 이것이 민주주의입니다.

민주주의도 이렇게 매력 있는 정치체제인데, 하물며 하나님께서 직접 세우신 나라인 제사장 나라와 하나님 나라는 얼마나 더 멋지고 근사한 나라이겠습니까?

우리는 대한민국 국민으로서 우리 자녀들에게 민주주의도 잘 가르쳐야 하고, 그리스도인으로 '제사장 나라와 하나님 나라'도 제대로 교육해야 합니다. 왜냐하면 우리 자녀들이 민주주의를 잘 이해해야 우리나라 대한민국에서 행복한 국민으로 살아갈 수 있으며, 제사장 나라와 하나님 나라를 제대로 공부해야 이 땅에서 하나님 나라를 살 수 있기 때문입니다.

성경은 나라 이야기를 제외하고는 이해할 수 없는 책입니다. 구약의 큰 숲은 제사장 나라이고, 신약의 큰 숲은 하나님 나라이기 때문입니다.

농부는 자기 자녀에게 농사짓는 법을 굳이 가르치지 않아도 되고, 어부는 자기 자녀에게 고기 잡는 법을 꼭 가르치지 않아도 됩니다.

그러나 농부든 어부든 누구든지 반드시 부모 된 자들은 자기 자녀에게 가르쳐야 할 것이 있습니다. 그것은 바로 부모가 자기 자녀들에게 일찍부터 성경의 큰 그림을 보여주고 성경을 가르치는 것입니다.

요절 한두 구절로 사는 인생이 아닌, 성경 전체를 가슴에 품고 사는 그런 자녀들을 길러내야 합니다. 성경 속 하나님의 사람들처럼 ….

하나님께서 말씀하신 "네 자녀에게 가르치라." 이 말씀대로 모든 부모들은 자기 자녀에게 반드시 살아계신 하나님의 말씀인 성경을 가르쳐야 합니다.

아이가 어렸을 때에 부모를 통해 이야기로 성경을 배우면, 그 아이가 자라서는 스스로 '기록된 말씀'으로 하나님 나라를 살 수 있게 되기 때문입니다. 성경을 배우고 성경으로 자란 자녀는 성경 속 하나님의 사람들처럼 하나님의 말씀으로 뜻을 정하며 세상 속에서 승리하며 살게 됩니다.

본서는 모든 부모가 자기 자녀에게 〈제사장 나라와 하나님 나라〉를 가장 쉽고 정확하게 가르치기 위한 지침서로서 통通성경학교 STEP1의 교재입니다.

본서를 통해 이 땅에 모든 부모들이 자기 자녀에게 제사장 나라와 하나님 나라를 가르칠 수 있는 그날을 꿈꿉니다. 생각만

해도 감격스럽습니다.

모세 시대의 만나세대, 사무엘 시대의 미스바세대처럼 우리 자녀들이 살아갈 새 시대는 물이 바다를 덮음같이 하나님의 말씀이 온 세상에 가득하고 충만한 시대가 되기를 기대하고 기도합니다.

가평 성경통독원에서

목차

들이기면서

네 자녀에게 가르치라 – 제사장 나라, 하나님 나라

1. 왜 모세, 여호수아, 기드온, 사무엘은 왕이 되지 않으려 노력까지 했는가?

2. 왜 나단, 엘리야, 이사야, 예레미야는 왕과 대립했는가?

3. 왜 스룹바벨, 에스더, 에스라, 느헤미야는
동시대 동족들에게 존경받았는가?

4. 왜 유대인은 사두개파, 바리새파, 에세네파로 분파되었는가?

5. 왜 예수님은 사두개파, 바리새파보다
세리와 창기를 친구로 여기셨는가?

6. 왜 대제사장 세력들은 스데반, 야고보를 죽이고,
바울을 30년 동안 때렸는가?

7. 왜 로마는 470명의 군인들을 동원해 바울을 경호해주다가 죽였는가?

마치면서

제사장 나라, 하나님 나라 7가지 질문 요약

1

왜 모세, 여호수아, 기드온, 사무엘은 왕이 되지 않으려 노력까지 했는가?

모세는 왜 왕이 되지 않으려 노력했는가?

모세는 태어난 지 3개월 되던 때부터 40세까지 애굽(이집트)의 왕자였습니다. 모세는 40년 동안 애굽 왕실에서 왕자의 신분으로 왕정을 체험하고 제국을 공부했습니다.

그러면서 모세는 동시에 제국의 식민지 백성들의 고통과 제국의 폐해를 온몸으로 느꼈습니다. 왜냐하면 모세가 신분상 애굽 왕자이기는 했으나, 그는 아브라함의 후손으로 자기 민족은 모두 당시 애굽에서 비참한 노예 생활을 하고 있었기 때문입니다.

그런 모세가 80세 되던 해에 하나님의 뜻에 따라 이스라엘의 지도자가 되어 요셉 때에 아브라함의 후손들인 야곱의 가족 70명이 애굽에 들어간 이후 430년 만에 역사적인 출애굽을 이끌어냈습니다. 모세는 어떤 무기도 없이 지팡이 하나 들고 애굽 제국과 맞서 자기 민족 전체를 구출하여 애굽에서 나온 것입니다.

세계 역사를 통틀어 모세를 뛰어넘는 영웅은 어디에도 없습니다. 사실 사지(死地)에 가서 자기 동료 몇 명만 구출해와도 나라에서 영웅이 되는데, 6개월 만에 어린아이에서부터 노인에 이르기까지 200만 명 이상 되는 자기 민족 전체를 머리털 하나 상하지 않게 완벽하게 구출해낸 모세가 '민족적 영웅'인 것은 두말할 나위가 없습니다.

그런데 이렇게 불세출의 지도자라고까지 일컫는 모세가 끝내 이스라엘의 왕이 되지 않았을 뿐더러, 심지어 왕이 되지 않기 위해 노력까지 했다는 것입니다. 그 이유를 우리는 자녀들에게 가르쳐주어야 합니다.

애굽의 바로와 맞서 지치지 않고 꿋꿋하고 당당하게 9번이나 협상 테이블에 앉았던 모세를 생각하면, 그가 온유한 성품의 소유자라고 생각하기는 쉽지 않을 것입니다. 그러나 성경은 세상에서 모세보다 더 온유한 사람은 없다고 증언합니다. 그렇게 온유한 성격을 가진 지도자 모세는 출애굽 후 광야에서 원망을 주업(主業)으로 삼는 이스라엘 백성들과 공의와 사랑의 하나님 사이에서 평화를 만드는 자였습니다.

그런데 어느 날 모세가 '심히 노하여' 즉, 너무나 불같이 화를 낸 날이 있었다고 성경은 증언하고 있습니다. 온유하기로 유명했던 모세가 왜 그렇게 화가 났을까요?

"모세가 엘리압의 아들 다단과 아비람을 부르러 사람을 보냈더니 그들이 이르되 우리는 올라가지 않겠노라.
네가 우리를 젖과 꿀이 흐르는 땅에서 이끌어 내어 광야에서 죽이려 함이 어찌 작은 일이기에 오히려 스스로 우리 위에 왕이 되려 하느냐.

이뿐 아니라 네가 우리를 젖과 꿀이 흐르는 땅으로 인도하여 들이지도 아니하고 밭도 포도원도 우리에게 기업으로 주지 아니하니 네가 이 사람들의 눈을 빼려느냐. 우리는 올라가지 아니하겠노라.
모세가 심히 노하여 여호와께 여짜오되 주는 그들의 헌물을 돌아보지 마옵소서. 나는 그들의 나귀 한 마리도 빼앗지 아니하였고 그들 중의 한 사람도 해하지 아니하였나이다"
(민 16:12-15).

모세가 왕이 되려고 한다는 오해를 받은 것입니다. 그래서 모세가 그렇게 화가 났던 것입니다. 만약 정말로 모세가 왕이 되려고 했다면 화를 낼 것이 아니라, 오히려 왕의 담론을 키우는 것이 낫지 않았겠습니까?

온유한 모세가 이 문제를 가지고 화까지 냈다는 것은 모세가 왕이 되려고 한 적이 결코 없었다는 것입니다.

그런데 화가 난 모세는 엘리압의 아들 다단과 아비람에게 화를 내거나 응징을 가하지 않았습니다. 오히려 하나님께 나아가 기도했습니다. 모세의 기도의 내용은 엘리압의 아들 다단과 아비람이 하나님께 드리는 헌물을 돌아보지 마시라는 것이었습니다.

이스라엘 백성들이 하나님께 헌물을 드리며 죄를 뉘우치면 하나님께서는 그들의 죄를 사해주시고 그들을 살려주시는 분이라는 사실을 모세가 확실히 믿고 있음을 모세의 기도를 통해 알 수 있습니다.

모세는 엘리압의 아들 다단과 아비람이 하나님께 헌물을 드리며 죄를 자복해도 용서하지 마실 것을 기도했습니다. 그들이 제사장 나라의 거룩한 백성으로의 삶을 버렸기 때문입니다.

모세는 제사장 나라의 거룩한 시민을 꿈꾸며 이스라엘의 지도자로 살고 있는데, 엘리압의 아들 다단과 아비람이 모세를 오해하여 모세가 이스라엘의 왕이 되려 한다며 모세의 말을 듣지 않은 것입니다. 이에 모세가 엘리압의 아들 다단과 아비람에 대해 화를 내며 하나님 앞에 제사장 나라의 법대로 그들을 처분해달라고 기도한 것입니다.

모세는 자신이 재판관이 되지 않고, 이스라엘 백성들과 동일한 제사장 나라의 거룩한 시민으로서 하나님 앞에 무릎 꿇고 하나님께서 재판하시게 했습니다.

그러면서 모세가 하나님께 다음과 같이 밝힙니다.

"하나님, 제가 이스라엘의 지도자가 된 이래로 우리 동족 사람들에게 나귀 한 마리도 빼앗은 적이 없고, 지도자의 지위를 가지고 한 사람에게도 해를 입힌 적이 없다는 것을 하나님께서 아시지 않습니까."

모세가 사람 앞이 아닌 하나님 앞에 이렇게까지 기도할 정도였으니 그가 지도자로서 얼마나 청렴하고 공의로웠는지 충분히 이해가 됩니다.

모세는 이스라엘의 지도자임에도 불구하고 백성들에게 나귀 한 마리도 빼앗은 적이 없는 제사장 나라의 거룩한 시민 대표였습니다. 그런 지도자가 모세였습니다.

만약 모세가 정말로 왕이 되고 싶었다면 차라리 수단과 방법을 가리지 않고 온갖 정치력을 발휘하여 노예 출신들인 이스라엘의 왕이 아닌, 나일 강을 중심으로 이집트 문명을 이루어 낸 애굽의 왕이 되는 것이 더 나았을 것입니다.

또한 백번 양보해서 만약 모세가 출애굽의 공을 내세워 이스라엘의 왕이 되겠다고 선언했다면 누가 감히 나서서 이를 반대할 수 있었겠습니까? 모세는 누가 보아도 이스라엘의 왕이 되고도 남을 만할 혁혁한 공이 있었고, 왕의 자질 또한 넘쳤으니 말입니다.

그러나 모세는 이스라엘의 왕이 아닌, 자기 민족을 약속의 땅으로 인도하여 그곳에 세상 모든 민족들이 하나님께 복을 받는, 복의 통로인 제사장 나라를 세우는 하나님의 원대한 꿈에 동참하고자 했습니다.

제사장 나라는 여타 나라들과 달리 하나님을 왕으로 모시고 사는 나라입니다. 제사장 나라는 이스라엘 각 집안의 장자들을 대신한 레위인들과 성전이 이끄는 나라입니다. 레위인들은 12지파 사이에 흩어져 이스라엘 백성들이 늘 하나님 앞에 나아와 용서받으며 거룩한 시민들로 살아가도록 돕는 사람들입니다.

그리고 제사장 나라의 거룩한 시민인 이스라엘 백성들은 1년에 3차례 하나님의 이름을 두려고 택함을 받은 곳에 모여 하나님을 기억하고 함께 뜻을 모아야 했습니다.

또한 제사장 나라는 이웃과 이웃 사이에 나눔이 있는 나라입니다. 그리고 제사장 나라는 민족과 민족 사이에 평화가 있는 나라입니다. 이 나라의 기틀을 세우기 위해 모세가 그토록 애를 쓰고 몸부림을 쳤던 것입니다.

인간이 세운 제도인 왕정은 부패의 핵심입니다. 왕 한 사람을 위해 모든 백성들이 노예가 되는 제도가 왕의 제도이기 때문입니다. 애굽에서 왕정을 경험한 모세는 왕정이 아닌, 모든 백성들이 함께 힘을 합해 모든 민족을 복 받게 하는 제사장 나라를 세우고자 하시는 하나님의 그 큰 꿈에 동참했습니다.

하나님의 그 놀라운 꿈에 동참한 모세는 끝내 왕이 되지 않았고, 왕이 되지 않기 위해 노력까지 했던 제사장 나라의 거룩한 시민 1호였습니다.

여호수아는 왜 왕이 되지 않으려 노력했는가?

모세가 이스라엘의 왕이 되지 않은 것도 놀라운 사실이지만, 여호수아가 이스라엘의 왕이 되지 않은 것은 더 놀라운 일입니다.

왕은 민족과 나라가 존재한 그 다음에 필요한 사람입니다. 출애굽한 이스라엘을 이끈 지도자는 모세였으나, 광야 40년 동안 이스라엘은 나라 이름(이스라엘)과 법(율법)은 있었지만, 영토는 아직 확보하지 못한 상태였습니다.

그리고 광야 생활 동안은 하나님께서 하늘 문을 여시고 직접 만나를 주셨기 때문에 나라의 기본적인 자산이라 할 수 있는 군량미(軍糧米)조차도 확보하지 못하는 형편이었습니다. 그런 상태에서 그들이 왕을 세우고 왕궁을 짓는 일은 생각도 할 수 없는 일이었습니다.

그렇기 때문에 모세가 왕이 되지 않으려 노력을 하기도 했지만, 만약 모세가 왕이 되었다고 해도 다른 나라의 왕들처럼 부와 명예와 권력을 한 손에 쥔 왕은 되지 못했을 것입니다.

그러나 여호수아는 모세와는 다른 상황이었습니다. 물론 애굽 왕자 출신 모세에 비하면 여호수아는 이스라엘 온 백성들과 같은 노예 출신이기는 합니다. 그러나 여호수아는 모세가 직접 세운 후계자이고, 더 나아가 실제 가나안에서 전쟁을 이끈 총사령관이었습니다.

그리고 여호수아는 5년에 걸친 가나안 정복 전쟁에서 31번의 전쟁을 모두 승리로 이끈 상승장군이었습니다. 이 정도면 세상 모든 역사를 통틀어 보아도 여호수아가 왕이 되는 것은 너무나 당연한 순리였습니다. 그런데 놀랍게도 여호수아가 모세의 길을 따라 걷습니다. 즉, 왕이 아닌 제사장 나라의 거룩한 시민의 길을 간 것입니다.

그렇다면 왜 여호수아도 모세처럼 왕이 되지 않으려 노력까지 했는지 우리 자녀들에게 가르쳐야 합니다. 그 이유는 다음과 같습니다. 모세가 죽고, 여호수아가 이스라엘의 새로운 지도자가 되어 요단 강을 건넌 후 첫 번째 치른 전투는 여리고 성 공성전이었습니다.

그런데 여리고 성 공성전은 여호수아의 용기나 뛰어난 전략, 혹은 전술로 이긴 전쟁이 아닙니다. 여호수아가 하나님께서 직접 주신 전략과 전술을 순종해서 이긴 전쟁입니다.

공성전(攻城戰)은 다른 사람들이 이미 살고 있는 성을 빼앗는 것으로 전쟁 중에 가장 어려운 전쟁입니다. 전쟁사를 통해 볼 때에 성 밖에서 성을 빼앗기 위해 공성전을 하는 쪽은 많은 위험을 무릅쓰는데 그때 희생이 가장 많은 곳이 성 바깥쪽의 바로 그 아랫부분입니다.

수성전(守城戰)을 하는 쪽이 성 위에서 성 아래로 돌이나 화살, 혹은 뜨거운 물이나 기름들을 내리붓기 때문입니다. 그런데 하나님께서는 공성전에서 가장 위험한 전쟁터인 여리고 성 주변을 하루에 한 바퀴씩 6일을 돌고, 7일째에는 7바퀴를 돌라고 말씀하신 것입니다.

그런데 여호수아가 하나님의 이 말씀에 순종했습니다. 그리고 이스라엘 백성들에게 이를 설득했습니다. 모세에게 교육받은 만나세대가 원망만을 일삼던 그들 부모세대와 이렇게 수준이 달라진 것입니다.

여리고 성 공성전은 하나님께서 주신 전술과 여호수아와 만나세대의 순종이 만들어낸 완벽한 승리였습니다. 여리고 성이 무너지자 여호수아는 이스라엘 백성들에게 첫 전쟁의 승리는 하나님께서 주신 것이니 여리고 성의 모든 전리품은 온전히 하나님께 바쳐야 한다고 말했습니다.

"이 성과 그 가운데에 있는 모든 것은 여호와께 온전히 바치되 기생 라합과 그 집에 동거하는 자는 모두 살려 주라. 이는 우리가 보낸 사자들을 그가 숨겨 주었음이니라.

너희는 온전히 바치고 그 바친 것 중에서 어떤 것이든지 취하여 너희가 이스라엘 진영으로 바치는 것이 되게 하여 고통을 당하게 되지 아니하도록 오직 너희는 그 바친 물건에 손대지 말라. 은금과 동철 기구들은 다 여호와께 구별될 것이니 그것을 여호와의 곳간에 들일지니라 하니라.

이에 백성은 외치고 제사장들은 나팔을 불매 백성이 나팔 소리를 들을 때에 크게 소리 질러 외치니 성벽이 무너져 내린지라. 백성이 각기 앞으로 나아가 그 성에 들어가서 그 성을 점령하고 그 성 안에 있는 모든 것을 온전히 바치되 남녀 노소와 소와 양과 나귀를 칼날로 멸하니라"(수 6:17-21).

이렇게 여리고 성을 함락시킨 이스라엘은 그 다음 목표로 아이 성을 점령하고자 했습니다. 그런데 아이 성 공성전에서 여호수아와 이스라엘 군인들은 생각지도 못한 큰 패배를 맛보게 됩니다. 성도 빼앗지 못하고 아군의 피해만 컸던 것입니다.

여호수아가 아이 성 패배의 이유를 조사해보니 결국 아간이 문제의 원인으로 밝혀집니다. 아간이 여리고 성의 전리품 가운데 일부를 감추어두었던 것입니다. 그러자 여호수아가 아간을 아골 골짜기로 끌고 가 온 이스라엘이 그를 돌로 치고 불사르고 그 위에 돌 무더기를 크게 쌓았습니다. 아간이 여호수아를 통한 하나님의 말씀을 듣지 않음으로 전쟁의 패배를 안겨주었기 때문입니다.

우리나라에 일명 '김영란법'이라고 부르는 반부패법이 생겼습니다. 그 법을 만든 사람은 추측건대 부패와는 거리가 먼 사람일 것입니다. 만약 그 법을 만든 사람이 부패한 사람이라면, 그런 법은 만들지 못했을 것이기 때문입니다.

같은 맥락에서 여호수아가 앞장서서 아간을 죽인 것은 여호수아가 하나님 앞에 정직했다는 것입니다. 여호수아는 여리고 성 전투에서만 보아도 어떤 것도 뒤로 챙긴 것이 없었습니다. 때문에 당당하게 아간을 처벌할 수 있었습니다.

이런 지도자가 제사장 나라의 지도자 여호수아였습니다. 모세가 이스라엘의 지도자였음에도 불구하고 백성들의 나귀 한 마리도 빼앗지 않았던 것처럼, 여호수아도 뒤로 옷 한 벌(아간이 했던 것과 같은)까지도 취하지 않은 것입니다.

여리고 성 전투 이후로 5년에 걸쳐 가나안 정복 전쟁이 계속 되었고, 여호수아는 모든 전쟁에서 승리를 거두었습니다. 그리고 전쟁을 마치고 각 지파에게 땅을 분배해주며 모든 이스라엘 백성들이 제사장 나라의 거룩한 시민으로 살게끔 인도했습니다. 보통 나라 같으면 왕정을 시작하기에 가장 좋은 적기였습니다.

그러나 그때 여호수아는 왕이 되겠다고 선언하지 않고, 오히려 온 이스라엘 백성들에게 "오직 나와 내 집은 여호와만 섬기겠노라."라고 선언했습니다.

"만일 여호와를 섬기는 것이 너희에게 좋지 않게 보이거든
너희 조상들이 강 저쪽에서 섬기던 신들이든지
또는 너희가 거주하는 땅에 있는 아모리 족속의 신들이든지
너희가 섬길 자를 오늘 택하라.
오직 나와 내 집은 여호와를 섬기겠노라 하니"(수 24:15).

모세는 애굽에서 애굽 왕자로 왕정의 폐해를 지켜본 사람이고, 여호수아는 애굽에서 노예로 왕정의 폐해를 온몸으로 경

험한 사람입니다. 그들은 하나님께서 주신 제사장 나라가 한 사람의 왕 없이도 국민 한 사람 한 사람을 얼마나 행복하게 하는 나라인지를 알고 있는 사람들입니다.

왕정에서의 왕은 백성들을 자기 종으로 만드는 사람입니다. 하지만 제사장 나라는 하나님을 왕으로 모시고, 온 백성들이 이웃과 이웃 사이에 나눔을 만들고, 나라와 나라 사이에 평화를 만들고, 하나님과 모든 민족 사이에 평화를 만드는 나라입니다.

그렇게 제사장 나라로 선택된 나라에서 거룩한 시민으로 산다는 것은 너무나 영광스런 삶입니다. 믿음의 조상 아브라함의 후손들이 그런 선택을 받았습니다. 그래서 모세에 이어 여호수아도 왕이 되지 않으려 노력까지 하면서 제사장 나라의 거룩한 시민으로 그토록 멋있고 당당한 삶을 살 수 있었던 것입니다.

기드온은 왜 왕이 되지 않으려 노력했는가?

미디안 대군과의 전쟁을 치르기 위해 기드온과 함께 전쟁터에 나아간 용감한 300명의 병사들을 우리는 '기드온과 300명의 용사'라 부릅니다. 기드온과 함께한 300명의 병사들이 진정한 '용사'인 이유를 크게 4가지로 봅니다.

첫째, 그들은 쫄지(?) 않았습니다.
둘째, 그들은 전쟁에 임하면서 칼이나 창을 내려놓고, 항아리와 나팔과 횃불을 들라는 명령에 순종했습니다.
셋째, 그들은 전쟁터에서 모두 살아 돌아왔습니다.
(스파르타의 레오니다스 왕과 함께했던 300명은 전쟁터에서 다 죽어 살아 돌아오지 못했습니다.)
넷째, 그들은 제사장 나라를 간증했습니다.

처음에 기드온에게 모였던 32,000명 가운데 22,000명은 일단 쪼는 사람들이었습니다. 그들은 나라가 위기에 처하자 전쟁에 나아가야겠다는 의지는 있었으나, 전쟁이 무섭고 두려웠습니다.

22,000명이 귀가하고 남은 10,000명의 사람들 가운데 9,700명은 전쟁에서 승리하고 나면 하나님께서 도우셔서 전쟁에서 이겼다고 간증하지 않을 사람들이었습니다. 그래서 하나님께서는 9,700명도 귀가시키신 것입니다.

그리고 남은 300명이 역사의 한 페이지를 장식하게 된 것입니다. 그들은 어두운 밤에 적진으로 향하면서 칼과 창을 내려놓고, 항아리와 횃불과 나팔을 들고 가라는 하나님의 말씀을 믿고 순종한 사람들입니다.

그들은 전쟁이 하나님의 손에 달려 있다는 것을 믿고 순종했습니다. 그래서 그들은 용사라 불릴 만한 사람들로서, 32,000명을 훨씬 넘는 메뚜기의 많은 수와 같고, 그들의 낙타의 수가 많아 해변의 모래같이 많은 미디안의 대군과 싸우기 위해 전쟁터로 들어가면서도 두려워하지 않고 침착했습니다. 그리고 밤에 항아리와 횃불과 나팔을 들고 전쟁터로 향하면서도 발자국 소리 하나 내지 않을 정도로 조심성이 있는 사람들이었습니다.

그런데 가장 중요한 것은 전쟁터에서 적을 다 물리치고 무사히 살아 돌아와 자신들의 영웅담을 이야기하는 것이 아니라, 제사장 나라를 간증했다는 것입니다. 제사장 나라는 하나님께서 그들과 함께하심으로 5명이 100명과 싸워 이기고, 100명이 10,000명과 싸워 이기는 나라이기 때문입니다.

"내가 그 땅에 평화를 줄 것인즉
너희가 누울 때 너희를 두렵게 할 자가 없을 것이며
내가 사나운 짐승을 그 땅에서 제할 것이요
칼이 너희의 땅에 두루 행하지 아니할 것이며
너희의 원수들을 쫓으리니
그들이 너희 앞에서 칼에 엎드러질 것이라
또 너희 다섯이 백을 쫓고 너희 백이 만을 쫓으리니
너희 대적들이 너희 앞에서 칼에 엎드러질 것이며"
(레 26:6-8).

이렇게 사사 시대에 기드온이 300명의 용사들을 이끌고 전쟁터로 가서 미디안 대군을 무찌르고 돌아오자 백성들이 기드온에게 왕이 되어달라고 직접 부탁했습니다. 심지어 기드온이 왕이 되는 것은 물론이거니와 기드온 집안이 계속해서 대를 이어 왕의 자리를 이어가 달라고 부탁했습니다.

"그 때에 이스라엘 사람들이 기드온에게 이르되
당신이 우리를 미디안의 손에서 구원하셨으니
당신과 당신의 아들과 당신의 손자가
우리를 다스리소서 하는지라"(삿 8:22).

그러자 기드온이 백성들의 이 부탁에 대해 다음과 같이 답했습니다.

"기드온이 그들에게 이르되
내가 너희를 다스리지 아니하겠고
나의 아들도 너희를 다스리지 아니할 것이요.
여호와께서 너희를 다스리시리라 하니라"(삿 8:23).

이스라엘을 통치하는 분은 자신이 아니라, 여호와 하나님이시라는 것입니다. 이 대답은 모세와 여호수아의 길을 따르는 제사장 나라의 거룩한 시민이 답할 수 있는 정답 중의 정답입니다. 권력은 너무나 좋은 것이어서 아들과도 나누지 못할 정도라고 하는데, 백성들이 그 좋다는 권력을 모아서 기드온 한 사람에게 다 주겠다는 데도 기드온은 단칼에 거절했습니다.

이것이 제사장 나라 거룩한 시민의 품위입니다. 하나님을 왕으로 모시고 사는 나라의 시민이 얼마나 행복한지 왕의 자리보다 더 좋다는 것입니다.

이렇게 좋은 '제사장 나라 거룩한 시민'을 우리 자녀들에게 가르쳐야 함이 마땅하지 않겠습니까. 부모들이 '이야기'로 가르쳐주는 제사장 나라를 자녀들이 정확하게 이해한다면, 자녀들은 하나님의 말씀인 성경에서 끝까지 떠나지 않고 늘 성경을 가까이 하면서 하나님의 말씀대로 이 세상을 살아가게 될 것입니다.

사무엘은 왜 왕이 되지 않으려 노력했는가?

사무엘은 각자 자기 소견에 옳은 대로 살았던 사사 시대

300여 년의 고리를 끊고, 만나세대 이후 새로운 시대인 미스바세대를 연 이스라엘의 위대한 지도자였습니다.

사무엘은 실제적으로 40년간 이스라엘의 지도자였음에도 불구하고 왕이 되지 않았으며, 왕이 되지 않으려 노력까지 하며 제사장 나라의 거룩한 시민으로 살았습니다. 사무엘은 하나님을 왕으로 모신 제사장 나라를 온 백성들에게 가르치며 새 시대를 열었습니다.

그런데 사무엘은 늙고 사무엘의 아들들은 사무엘과 달리 뇌물을 받고 재판을 공정하게 시행하지 않으며 온갖 구설에 오르자, 이스라엘 백성들은 그들의 영악한 생각으로 사무엘에게 왕정을 요구하고 나왔습니다.

그러자 미스바세대를 열며 온 이스라엘을 교육하기에 평생을 바친 사무엘이 백성들의 이 요구에 대해 섭섭함을 감추지 못했습니다. 이에 하나님께서는 이스라엘이 사무엘을 버린 것이 아니라, 하나님을 버린 것이라 말씀하셨습니다.

다시 말해 이스라엘이 하나님과 맺은 언약인 제사장 나라를 파기하겠다는 것을 하나님께서 간파하신 것입니다. 이에 하나님께서는 이스라엘 백성들이 요구하는 왕정이 얼마나 어리석은 인간의 제도인지를 가르쳐주셨습니다.

하나님께서 이스라엘 백성들에게 가르쳐주신 왕의 제도 즉, 왕정은 다음과 같습니다.

"이르되 너희를 다스릴 왕의 제도는 이러하니라.
그가 너희 아들들을 데려다가 그의 병거와 말을 어거하게 하리니 그들이 그 병거 앞에서 달릴 것이며 그가 또 너희의 아들들을 천부장과 오십부장을 삼을 것이며 자기 밭을 갈게 하고 자기 추수를 하게 할 것이며 자기 무기와 병거의 장비도 만들게 할 것이며
그가 또 너희의 딸들을 데려다가 향료 만드는 자와 요리하는 자와 떡 굽는 자로 삼을 것이며
그가 또 너희의 밭과 포도원과 감람원에서 제일 좋은 것을 가져다가 자기의 신하들에게 줄 것이며 그가 또 너희의 곡식과 포도원 소산의 십일조를 거두어 자기의 관리와 신하에게 줄

것이며
그가 또 너희의 노비와 가장 아름다운 소년과 나귀들을 끌어다가 자기 일을 시킬 것이며 너희의 양 떼의 십분의 일을 거두어 가리니 너희가 그의 종이 될 것이라"(삼상 8:11-17).

왕은 백성들을 위해 전쟁에 나가 싸워주는 사람이 아닙니다. 오히려 백성의 자식들을 전쟁터에 내보내 자신과 자신의 가족을 지키게 하는 사람이 왕입니다. 왕은 백성들에게 세금을 거두어 자신과 자신의 신하들을 먹여 살리고, 결국은 백성들을 노예로 부리는 사람입니다.

세상의 모든 사람들은 누구나 다 하나님의 형상을 닮은 소중한 존재들인데 누군가 한 사람을 왕으로 세워놓으면 누구는 귀한 사람이 되고 누구는 천한 사람이 되는 불평등한 세상이 되는 것입니다. 하나님께서는 아브라함의 후손들을 통해 세상 나라들이 시행하는 왕정이 아닌, 제사장 나라를 세우시고 세상 모든 민족을 사랑하고자 하셨습니다.

하나님께서는 이스라엘이 출애굽 이후 그 당시까지 400여 년 동안 제대로 된 제사장 나라를 세우지 못하며 하나님의 기대에 부응하지 못하더니, 이제 드러내놓고 제사장 나라를 그만두겠다고 말하는 이스라엘에 대해 실망을 금치 못하셨습니다. 그래서 하나님께서는 이스라엘에게 왕정이 어떤 것인지 자세히 알려주셨습니다.

"내가 그들을 애굽에서 인도하여 낸 날부터 오늘까지
그들이 모든 행사로 나를 버리고 다른 신들을 섬김 같이
네게도 그리하는도다.
그러므로 그들의 말을 듣되
너는 그들에게 엄히 경고하고
그들을 다스릴 왕의 제도를 가르치라"(삼상 8:8-9).

그러나 이스라엘은 끝내 제사장 나라 대신 다른 나라들처럼 왕정을 택하겠다고 고집을 부렸습니다. 이스라엘 백성들이 제사장 나라를 이해하지 못했을 뿐더러, 왕정에 대해서도 크게 오해하고 있었기 때문입니다. 왕은 그들을 위해 대신 나가서 싸워주는 사람이라는 오해에 사로잡혀 있었던 것입니다. 그러자 하나님의 엄중한 경고의 말씀이 전달됩니다.

"그 날에 너희는 너희가 택한 왕으로 말미암아 부르짖되
그 날에 여호와께서 너희에게
응답하지 아니하시리라 하니"(삼상 8:18).

참으로 쓸쓸하고 안타깝기 그지없는 장면입니다. 하나님께서는 아브라함 한 사람을 택하시고, 아브라함과 언약을 맺으시고, 500여 년 동안 아브라함의 후손들이 큰 민족을 이루기를 기다리셨습니다. 그리고 하나님께서는 그들과 시내 산에서 제사장 나라의 언약을 맺으시고, 이스라엘의 왕이 되어주시며, 그들은 제사장 나라의 거룩한 시민으로 살겠다고 약속을 했었습니다.

그런데 출애굽 후 400여 년이 지나 이스라엘이 제사장 나라의 언약을 파기하고 왕정으로 가겠다고 하는 것입니다. 그리고 성경은 이렇게 〈모세5경〉을 넘어 씁쓸하게 〈왕정 500년〉으로 갑니다.

우리는 우리 자녀들에게 하나님의 이 마음을 잘 설명하고 가르쳐야 합니다. 그리고 하나님을 왕으로 모신 제사장 나라의

지도자 모세, 여호수아, 기드온, 사무엘이 얼마나 수준 높은 하나님의 사람들이자 민족의 지도자였는지 다시 한 번 생각해보아야 합니다.

모세, 여호수아, 기드온, 사무엘은 왕이 되기에 차고 넘치는 자격과 자질을 갖춘 사람들이었습니다. 그들은 세상 어느 왕들과 비교해도 왕으로서 자격이 넘치고도 남을 만한 대단한 사람들이었습니다. 그러나 그들은 끝내 왕이 되지 않았고, 왕이 되지 않으려 노력까지 했습니다. 그들이 권력을 몰라서 그랬던 것이 아닙니다. 실제적으로 그들은 이스라엘의 대표였고, 나라를 책임졌던 사람들이었습니다.

그럼에도 불구하고 그들은 왕이 되지 않았습니다. 왕이 보통 백성들과 달리 어마어마한 혜택을 어떻게 누리며 사는지도 다 알면서 말입니다. 왜냐하면 그들은 제사장 나라가 무엇인지 정확하게 알았고, 하나님의 꿈에 동참한 제사장 나라의 거룩한 시민들이었기 때문입니다.

우리도 우리들의 자녀를 모세, 여호수아, 기드온, 사무엘과 같은 하나님의 사람, 거룩한 천국 시민으로 길러내야 합니다. 그것이 우리에게 성경을 주신 하나님의 뜻이기 때문입니다.

2

왜 나단, 엘리야, 이사야, 예레미야는 왕과 대립했는가?

왜 나단은 왕(다윗 왕)과 대립했는가?

나단 선지자는 다윗 왕과 대립한 하나님의 사람입니다. 요즘 같은 민주주의 사회에서도 대통령 면전(面前)에서 대통령에게 대놓고 쓴소리로 직언을 하는 일은 생각 이상으로 어려운 일입니다. 그런데 왕정 시대에 왕에게 가서 그 면전에서 "당신이 잘못한 그 사람입니다."라고 직언을 했다는 것은 목숨을 걸지 않는 이상 상상도 하기 어려운 일입니다.

그렇다면 나단은 왜 목숨을 걸고 왕에게 직언을 하며 왕과 정면으로 대립했을까요?

그것은 다윗이 제사장 나라의 법(율법)을 어겼기 때문입니다. 선지자는 '하나님의 대변인'으로 하나님의 법(율법)을 어긴 사람에게 하나님의 뜻과 경고의 말씀을 전해야 하는 사람입니다. 이것이 선지자의 존재 이유입니다.

다윗은 왕정을 시행하는 나라가 된 이스라엘의 왕이기는 했으나, 그럼에도 불구하고 이스라엘은 여전히 제사장 나라의 사명을 부여받은 나라였습니다.

또한 하나님께서 다윗을 이스라엘의 두 번째 왕으로 세우신 것은 다윗이 이스라엘 백성을 하나님의 백성으로 여기고, 그들을 제사장 나라의 거룩한 시민으로 이끌기를 원하셨기 때문입니다.

그런데 다윗이 자신의 사적 욕망을 위해 죄 없는 우리아를 일부러 죽였습니다. 전쟁을 가장 잘 아는 다윗이 자신의 군대 장관 요압에게 비밀리에 편지를 보내 우리아를 전쟁터에서 마치 전사한 것처럼 사주했던 것입니다. 이 일을 하나님께서 지켜보셨고, 하나님께서는 나단을 통해 다윗의 잘못을 지적하셨습니다.

"아침이 되매 다윗이 편지를 써서 우리아의 손에 들려 요압에게 보내니 그 편지에 써서 이르기를 너희가 우리아를 맹렬한 싸움에 앞세워 두고 너희는 뒤로 물러가서 그로 맞아 죽게 하라 하였더라.
요압이 그 성을 살펴 용사들이 있는 것을 아는 그 곳에 우리아를 두니 그 성 사람들이 나와서 요압과 더불어 싸울 때에 다윗의 부하 중 몇 사람이 엎드러지고 헷 사람 우리아도 죽으니라"(삼하 11:14-17).

그런데 놀랍게도 역시 다윗입니다. 보통 왕정에서 왕의 이 정도의 잘못은 잘못으로 이야기되지도 못하는 사건입니다. 그러나 제사장 나라에서는 반드시 짚고 넘어가야 하는 사건이었습니다. 다윗은 제사장 나라의 거룩한 시민으로 잘못에 대한 지적을 겸허하게 받았습니다.

이런 나라가 제사장 나라입니다. 제사장 나라는 하나님을 왕으로 모시고, 나라의 모든 백성들은 거룩한 시민으로 율법을 지키며 모든 민족들과 하나님 사이에서 평화를 만드는 나라입니다.

"다윗이 나단에게 이르되
내가 여호와께 죄를 범하였노라 하매
나단이 다윗에게 말하되
여호와께서도 당신의 죄를 사하셨나니
당신이 죽지 아니하려니와"(삼하 12:13).

나단 선지자를 통한 하나님의 경고의 말씀을 듣고 다윗이 자신의 잘못을 뉘우치고 하나님 앞에 용서를 구하며 지은 시가 바로 시편 51편입니다.

"하나님이여 내 속에 정한 마음을 창조하시고 내 안에 정직한 영을 새롭게 하소서. 나를 주 앞에서 쫓아내지 마시며 주의 성령을 내게서 거두지 마소서 주의 구원의 즐거움을 내게 회복시켜 주시고 자원하는 심령을 주사 나를 붙드소서.

그리하면 내가 범죄자에게 주의 도를 가르치리니 죄인들이 주께 돌아오리이다.
하나님이여 나의 구원의 하나님이여 피 흘린 죄에서 나를 건지소서 내 혀가 주의 의를 높이 노래하리이다.
주여 내 입술을 열어 주소서 내 입이 주를 찬송하여 전파하리이다"(시 51:10-15).

다윗은 이스라엘의 왕이고, 나단은 이스라엘의 백성이었습니다. 그러나 그럼에도 불구하고 나단은 공적으로 하나님의 말씀을 전하는 선지자였기에 다윗이 하나님 앞에 잘못을 저질렀을 때에 왕과 정면으로 대립할 수밖에 없었던 것입니다. 이것이 제사장 나라의 공의입니다.

왜 엘리야는 왕(아합 왕)과 대립했는가?

나단이 다윗 왕과 대립했다면, 엘리야는 북이스라엘의 아합 왕과 대립한 선지자입니다. 북이스라엘의 아합 왕은 여로보암 왕조를 무너뜨리고 오므리 왕조를 연 오므리 왕의 아들로

베니게(페니키아, Phoenicia)의 도시국가들 가운데 한 나라인 시돈의 공주를 아내로 맞이한 사람이었습니다.

아합의 아버지인 오므리 왕은 사마리아를 북이스라엘의 수도로 삼고, 시돈의 공주를 자기 며느리로 맞이했습니다. 오므리 왕 당시의 북이스라엘은 상당한 경제력을 확보한 나라로 국제적 위치 또한 생각 이상으로 대단했었습니다. 그 힘으로 시돈의 공주를 자기 며느리로 삼을 수 있었던 것입니다.

두로, 시돈, 아라두스, 베리투스 등의 도시국가들의 연합체였던 베니게(페니키아)는 일찍부터 바알과 아세라를 그들의 신으로 섬겼던 나라였습니다. 시돈의 공주 이세벨이 북이스라엘의 아합에게 시집오면서 자기 나라의 신 바알과 아세라를 가지고 들어왔고, 얼마 지나지 않아 바알과 아세라를 북이스라엘 전역에 퍼뜨렸습니다.

그러자 북이스라엘은 여로보암 왕 때 단과 벧엘에 금송아지 우상을 세우고 난 후, 이제 바알과 아세라 우상까지 섬기는 나라가 되었습니다. 제사장 나라의 사명은 오간 데 없고, 북이스라엘은 오히려 바알과 아세라 우상을 섬기는 베니게(페니키아)의 종교적 식민지가 된 것입니다.

이에 하나님께서는 제사장 나라의 사명을 완전히 망각한 북이스라엘의 왕 아합에게 엘리야를 통해 경고의 메시지를 전하셨습니다. 때문에 엘리야 선지자는 아합 왕과 대립할 수밖에 없었습니다.

엘리야는 아합 왕에게 북이스라엘의 잘못을 지적하면서 3년간 북이스라엘에 비가 오지 않을 것을 예언했습니다. 그러자 엘리야의 예언대로 북이스라엘에는 3년간 비가 내리지 않았고, 3년간의 가뭄으로 북이스라엘은 걷잡을 수 없는 혼란에 빠지게 되었습니다. 그렇게 극심한 가뭄을 겪는 3년이 거의 다 지나가는 시점에 엘리야와 아합 왕이 만났습니다.

아합이 3년간의 가뭄에 대한 분노를 엘리야에게 퍼부으며 먼저 시비를 걸었습니다.

"네가 이스라엘을 괴롭히는 자냐?"

이에 엘리야가 대답합니다.

"이스라엘을 괴롭히는 자는 내가 아니라, 당신과 당신의 아버지 오므리 왕입니다. 당신들이 여호와 하나님을 버리고 바알을 섬기는 것이 이스라엘을 괴롭히는 일입니다. 그러니 갈멜 산에서 한판 붙어봅시다."

그래서 그 유명한 갈멜 산 대결이 벌어지게 된 것입니다. 갈멜 산 대결의 결과는 엘리야 승, 아합 패였습니다. 바알 선지자 450명이 죽임을 당했습니다.

그런데 아합의 아내 이세벨은 꿈쩍도 안 했습니다. 덕분에 이 싸움은 엘리야에서 엘리사에게로까지 이어지고, 결국 북이스라엘에 오므리 왕조가 무너지고 예후 왕조를 등장시키게 됩니다.

엘리야 선지자가 아합 왕과 대립한 것은 북이스라엘의 아합 왕이 제사장 나라의 사명을 망각하고 바알과 아세라 우상을 섬겼기 때문입니다. 이와 같이 하나님의 선지자들은 그 시대에 하나님의 말씀을 전하고 하나님의 경고를 전하는 하나님의 사람들이었습니다.

때문에 제사장 나라에서의 선지자들은 이처럼 왕이라 할지라도 그가 하나님 앞에 잘못했을 경우 담대하게 가서 하나님의 뜻을 전하며 왕과의 대립도 불사했던 것입니다.

왜 이사야는 왕(히스기야 왕)과 대립했는가?

이사야 선지자는 남유다의 아하스 왕, 그리고 아하스 왕의 아들 히스기야 왕과 대립한 하나님의 사람이었습니다. 아하스 왕은 지독하게도 이사야 선지자를 통한 하나님의 말씀에 귀를 기울이지 않고 고집만 부리다가 죽고 말았습니다.

그리고 아하스 왕의 아들 히스기야가 남유다의 왕이 되었습니다. 그러자 이시야 선지자가 하나님의 중한 경고의 메시지를 전하기 위해 벗은 몸으로 3년간 예루살렘 시내로 매일 출근을 하는 독한 퍼포먼스를 시행했습니다.

"여호와께서 이르시되 나의 종 이사야가 삼 년 동안 벗은 몸과 벗은 발로 다니며 애굽과 구스에 대하여 징조와 예표가 되었느니라.
이와 같이 애굽의 포로와 구스의 사로잡힌 자가 앗수르 왕에게 끌려갈 때에 젊은 자나 늙은 자가 다 벗은 몸과 벗은 발로 볼기까지 드러내어 애굽의 수치를 보이리니 그들이 바라던 구스와 자랑하던 애굽으로 말미암아 그들이 놀라고 부끄러워할 것이라"(사 20:3-5).

히스기야 왕이 그의 아버지 아하스 왕처럼 하나님의 말씀에 귀를 기울이지 않고 자기 나름대로 외교정책을 통해 나라를 위기에서 구하려 했기 때문입니다. 아하스 왕이 친앗수르정책을 펼쳤다면, 히스기야 왕은 반앗수르정책과 친애굽정책을 펼치며 남유다를 위기에서 구하고자 했습니다.

아하스 왕과 히스기야 왕은 남유다가 지켜야 할 제사장 나라의 정체성을 완전히 망각한 채, 보통 나라들이 시행하는 왕정 체제하에서의 왕의 정체성만을 가지고 나라를 통치하려 했던 것입니다.

이사야 선지자는 히스기야 왕에게 만약 그의 아버지 아하스처럼 제사장 나라의 사명을 망각하고 외교적으로 나라를 구하려고 생각했다면 이는 옳지 않다고 지적했습니다. 당대의 지식인 이사야가 부끄러움과 수치를 무릅쓰고 벗은 몸으로 3년간 매일 예루살렘으로 출근했던 것은, 히스기야가 그토록 의지하는 애굽이 얼마가지 못해서 이처럼 수치와 모욕을 당할 것임을 보여주기 위함이었습니다.

제사장 나라는 친앗수르정책이나 친애굽정책과 같이 어떤 외교적 전략으로 나라의 위기를 구하는 것이 아니라, 하나님께서 주신 제사장 나라의 율법을 준수함으로 나라를 지킵니다. 이것이 이사야 선지자가 전했던 하나님의 뜻입니다.

일찍이 하나님께서는 광야에서 율법을 주시면서 이스라엘이 하나님께서 주신 율법을 다 지켜 행하면, 묵은 곡식을 먹다가 새 곡식으로 인해 묵은 곡식을 그만 먹을 것이라고 말씀하셨습니다.

"너희는 오래 두었던 묵은 곡식을 먹다가

새 곡식으로 말미암아 묵은 곡식을 치우게 될 것이며"
(레 26:10).

또한 이스라엘이 하나님께서 주신 율법을 다 지켜 행하면, 전쟁이 날 경우에도 5명이 나가 100명과 맞서 싸워 이길 것이고 100명이 나가 1만 명과 맞서 싸워 이길 것이라고 말씀하셨습니다.

"또 너희 다섯이 백을 쫓고
너희 백이 만을 쫓으리니
너희 대적들이 너희 앞에서 칼에 엎드러질 것이며"
(레 26:8).

그러므로 북이스라엘의 멸망을 지켜본 남유다는 다른 나라들처럼 인간적인 전략으로 외교와 국방 쪽에 에너지를 쏟을 것이 아니라, 오히려 제사장 나라의 율법을 지켜 행해야 할 것입니다. 하나님께서는 이사야 선지자를 통해 이 길만이 나라를 구하는 유일한 길이라고 가르쳐주셨습니다.

이러한 하나님의 말씀을 전하기 위해 당대 최고의 석학이자 뛰어난 지식인인 이사야가 그토록 힘들게 하나님께서 시키신 일을 감당하며 왕과 대립했던 것입니다.

결국 히스기야가 이사야 선지자를 통한 하나님의 말씀에 순종합니다. 앗수르가 포위한 예루살렘 성안에서 히스기야는 애굽에 도움을 청하거나 항복의 표시로 성 밖으로 나가지 않고, 예루살렘 성전으로 들어갔습니다.

그러자 하나님께서 히스기야의 순종을 보시고, 앗수르의 18만 5,000명의 군인들을 치십니다.

"이 밤에 여호와의 사자가 나와서
앗수르 진영에서 군사 십팔만 오천 명을 친지라
아침에 일찍이 일어나 보니 다 송장이 되었더라"
(왕하 19:35).

폴 존슨은 이때의 상황을 헤로도토스를 인용하며 페스트 즉, 쥐가 옮긴 전염병으로 군인들이 모두 죽었다고 기록하고 있습니다.

히스기야가 이사야를 통한 하나님의 말씀대로 제사장 나라를 회복하고자 결심하므로 남유다는 북이스라엘을 멸망시킨 앗수르로부터 오히려 나라를 지키고, 그 후로 150여 년간 나라를 더 유지하게 됩니다. 이사야 선지자가 이처럼 왕과 대립했던 이유는 제사장 나라의 사명을 일깨우기 위함이었습니다.

왜 예레미야는 왕(시드기야 왕)과 대립했는가?

예레미야 선지자는 남유다의 마지막 왕 시드기야 왕과 대립한 하나님의 사람입니다. 예레미야는 다른 선지자들에 비해 '눈물의 선지자' 라는 별명이 붙을 정도로 정말 많이 울고 또 울었던 선지자입니다.

예레미야 선지자가 그토록 많이 울었던 이유는 예레미야가 대립했던 남유다의 왕 시드기야가 끝내 예레미야를 통한 하나님의 말씀을 듣지 않았기 때문입니다. 그 결과가 얼마나 참

혹했던지 바벨론 군인들에 의해 예루살렘 성전이 불타고, 예루살렘 성이 무너지고, 예루살렘의 집들이 모두 훼파되고, 예루살렘 시내에 시체들이 나뒹굴고, 어린아이들이 죽은 엄마의 젖을 빨다가 죽어가는 끔찍한 상황 그 자체였습니다.

그 상황을 미연에 막고자 예레미야가 그토록 애타게 시드기야 왕에게 설득에 설득을 더하며 왕과 대립했던 것입니다. 하나님의 뜻은 확고하셔서 남유다가 바벨론으로 끌려가 70년간 포로 생활을 하며 제사장 나라에 대해 재교육을 받고 돌아오는 것이었습니다.

그동안 예루살렘 땅은 70년간 안식할 것입니다. 하나님께서 그렇게 뜻을 정하신 이유는 출애굽 이후 이스라엘이 가나안 땅에 정착한 이래로 남유다의 시드기야 왕 때까지 약 900년에 걸친 기간 동안 그들이 안식일과 안식년과 희년을 지키지 않은 날수를 다 계산하면 70년이었기 때문입니다. 이것이 수학 천재 하나님의 계산이었습니다.

당시 거짓 선지자 하나냐는 바벨론의 남은 수명이 2년이라고 주장함으로 남유다에서 큰 호응을 받았고, 예레미야는 바벨론의 수명을 70년이라 주장함으로 온갖 고초를 겪었습니다. 바벨론 포로 생활 70년을 다시 정리하자면 다음과 같습니다.

첫째, 징계 70년
둘째, 교육 70년
셋째, 안식일과 안식년과 희년을 지키지 않은 날수 70년
넷째, 하나님께서 정하신 바벨론 제국의 수명 70년

하나님께서는 예레미야 선지자 이전까지 이스라엘에 많은 선지자들을 보내셔서 제사장 나라의 사명을 다시금 일깨우고자 부단히 애쓰셨습니다. 그런데 이스라엘이 북이스라엘과 남유다로 나뉘어서도 하나님께서 보내신 선지자들을 통한 경고의 말씀에 끝내 귀를 기울이지 않고, 제사장 나라를 잊고 그들 마음대로 살았던 것입니다.

그래서 하나님께서 북이스라엘은 앗수르를 통해 나라의 문을 닫게 하셨고, 이제 남유다는 70년간 나라의 문을 닫고 바벨론에 포로로 다녀오도록 결정하셨습니다. 때문에 바벨론에 저

항하지 않고 순순히 항복하는 것이 남유다가 취할 최선이었습니다.

하나님께서는 예레미야를 통해 시드기야 왕에게 만약 남유다가 순순히 바벨론에 항복하면, 왕도 살 수 있고 백성들도 살 수 있으며 예루살렘 성과 예루살렘 성전도 불타지 않을 것이라 말씀하셨습니다. 그런데 시드기야 왕은 자신이 만약 바벨론에 항복한다면, 이미 바벨론에 1차와 2차로 먼저 끌려가 있는 남유다 사람들이 자신을 보고 조롱할까 그것이 두려워 바벨론에 항복하지 못하겠다고 끝내 하나님의 말씀을 따르지 않았습니다.

그래서 예레미야 선지자는 그토록 긴 〈예레미야〉를 기록하고, 또 슬픔의 노래인 〈예레미야애가〉를 지어 기록할 수밖에 없었습니다. 예레미야 선지자가 남유다 시드기야 왕과 대립했던 것도 제사장 나라 때문이었습니다.

하나님께서 70년간 남유다의 수도 예루살렘을 안식하게 하시고, 남유다 사람들을 70년간 바벨론으로 보내신 이유는 다름 아닌 '다시 시작하는 제사장 나라'를 위함이셨습니다.

하나님께서는 출애굽한 이스라엘과 함께 제사장 나라를 처음 set-up 하실 때에 그들을 교육하는 시간으로 40년을 쓰셨습니다. 그리고 〈왕정 500년〉을 보내고, 다시 제사장 나라를 시작하기 위한 재교육 시간으로 70년을 쓰기로 결정하셨습니다.

그것이 하나님의 뜻이었고, 그 뜻을 전한 하나님의 사람이 예레미야 선지자였습니다. 그 하나님의 뜻을 전하면서 예레미야 선지자는 시드기야 왕과 그렇게 첨예하게 대립했던 것입니다.

3

왜 스룹바벨, 에스더, 에스라, 느헤미야는 동시대 동족들에게 존경받았는가?

왜 스룹바벨은 동시대 동족들에게 존경받았는가?

우리 민족은 1910년에서 1945년까지 36년 동안 일제강점기를 경험했기 때문에 제국의 식민지 백성들이 당하는 고통을 세계 어느 민족보다 잘 알고 있습니다.

다시 말해 우리는 나라 잃은 설움을 아는 민족입니다. 때문에 앗수르, 바벨론, 페르시아, 헬라, 로마의 식민지 백성으로서의 삶을 살았던 이스라엘 민족을 이해하는 데 큰 도움이 됩니다.

그런데 우리 민족이 성경 속에서 이해하기 어려운 부분이 있습니다. 그것은 다름 아닌 페르시아 제국이 유대 민족을 지배하던 시대에 페르시아가 유대에 파견한 유대 총독 스룹바벨, 페르시아 왕후 에스더, 페르시아 왕의 자문학사 에스라, 그리고 페르시아가 유대에 파견한 유대 총독 느헤미야를 당시 유대인들이 미워하지 않고 오히려 존경했다는 부분입니다.

우리가 일제강점기 당시는 물론이거니와 지금까지도 친일파를 미워하는 것과 달리, 그 당시 유대인들은 '친페르시아파'를 미워하지 않았을뿐더러 오히려 그들을 지지하고 따랐습니다.

그렇다면 그 이유는 무엇이었을까요? 스룹바벨, 에스더, 에스라, 느헤미야가 페르시아의 왕을 감쪽같이 속이고 페르시아 왕의 신임만은 받아내 유대 민족을 위한 민족운동을 해서 그랬을까요?

아니면 당시의 유대인들이 계속되는 식민지 생활 가운데 스룹바벨, 에스더, 에스라, 느헤미야에게 굴종의 자세로 그들에게 복종하는 척했던 것일까요? 우리의 상상력이나 우리의 경험, 혹은 우리의 판단으로는 맞는 답을 찾아내기가 참 어렵습니다.

그 답이 '제사장 나라'에 있기 때문입니다. 이를 설명하자면 다음과 같습니다. 남유다가 바벨론 포로로 끌려가 있는 동안 바벨론 제국이 페르시아 제국에게 멸망했습니다. 때문에 바벨론으로 끌려갔던 남유다 포로들은 갑자기 바벨론 제국의 포로에서 페르시아 제국의 포로들로 신분이 바뀌었습니다. 그런데 페르시아 제국의 정책은 바벨론 제국과 달랐습니다. 페르시아 제국은 바벨론이 각국에서 끌어온 포로들을 귀환시키는 정책을 그들의 제국 정책으로 펼쳤습니다.

그러면서 페르시아가 유대 민족 또한 다른 민족들처럼 자국으로 돌려보내는 과정에서 유대에 유대 출신 총독을 파견했던 것입니다.

페르시아 제국이 유대에 파견한 총독 스룹바벨은 페르시아 제국이 공식적으로 인정할 만한 인재였습니다. 페르시아 제국은 스룹바벨의 탁월한 실력과 충성심에 대해 의심할 여지가 없었습니다. 그만큼 스룹바벨을 신뢰했습니다.

그런데 놀랍게도 유대인들 또한 스룹바벨을 신뢰하는 데 있어 페르시아 제국 못지않았습니다. 페르시아 제국과 유대인들이 모두 스룹바벨을 신뢰했다는 것은 서로 상충되는 것 같습니다.

페르시아 제국의 왕이 스룹바벨을 신뢰한 것은 그를 페르시아 제국의 정치인이자 행정가로 신뢰한 것이고, 유대인들이 유대 총독 스룹바벨을 신뢰한 것은 '성전을 재건하는 일을 중심으로' 제사장 나라를 다시 세우는 일에 헌신할 사람으로 신뢰했다는 것입니다.

유대인들은 바벨론 포로 기간 70년 동안 나라도 없고, 왕도 없고, 심지어 예루살렘 성전도 불타버려서 없는 상태에서 포로 생활을 했었습니다. 포로 생활 70년 만에 그들이 예루살렘으로 귀환해서 할 수 있는 일은 나라를 다시 세울 수 있는 것도 아니고, 새 왕을 옹립할 수 있는 것도 아니었습니다.

그들이 예루살렘으로 돌아가서 할 수 있는 일은 불타버린 예루살렘 성전을 다시 짓고, 70년간 재교육 받은 제사장 나라를 다시 세우는 일이었습니다. 그리고 경제를 활성화해 페르시아 제국에 세금을 바치는 일이었습니다.

그 일에 유대 민족과 스룹바벨의 뜻이 같았던 것입니다. 때문에 스룹바벨은 페르시아 왕의 신뢰를 받아 유대 민족의 총독으로 유대에 파견되었음에도 동족들과 뜻을 함께했고, 유대 민족은 제사장 나라의 거룩한 시민으로 살아가기 위해 스룹바벨과 함께 성전을 재건하며 그를 진심으로 따르고 존경했습니다.

제사장 나라는 나라의 영토 없이 광야에서도 가능했던 나라였고, 인간이 세운 왕 없이도 나라로서 전혀 부족함이 없는 나라였습니다. 그렇기 때문에 귀환한 유대 민족이 하나님 앞에 믿음으로 결심했을 때 다시 세울 수 있는 나라였습니다.

그 소중한 일에 스룹바벨이 쓰임 받았고, 귀환한 유대인들은 하나님께서 스룹바벨을 들어 사용하신다는 사실을 알았습니다. 바벨론에서의 제사장 나라 70년 재교육이 큰 성과가 있었던 것입니다.

왜 에스더는 동시대 동족들에게 존경받았는가?

우리 민족이 일제강점기를 통해 기념할 만한 날로 정한 대한민국의 국경일은 '3 · 1절' 과 '8 · 15 광복절' 입니다. 그리고 유대 민족이 페르시아 제국의 식민지 백성으로 살아가면서 만든 명절은 '부림절' 입니다.

페르시아 제국 때 만들어진 이 부림절은 페르시아의 왕후 에스더와 깊은 관련이 있습니다.

에스더가 페르시아 제국에서 페르시아 왕의 왕후가 된 것은 유대인들이 예루살렘으로 총독 스룹바벨과 함께 1차로 이미 귀환을 하고 2차 귀환은 아직 하지 않은 상태 즉, 1차 귀환과 2차 귀환 사이에 페르시아에서 일어난 일입니다. 당시 페르시아 왕의 허락으로 유대인들 가운데 상당수가 예루살렘으로 귀환했습니다.

그러나 한편 상당수의 유대인들은 페르시아 제국 전역에 남아서 장사에 종사하며 상당한 부를 누리며 살고 있었습니다. 그들이 바벨론 포로 생활을 하는 가운데 일찍이 예레미야의 편지와 에스겔의 가르침을 받으며 바벨론에서 좌절하지 않고 다른 민족에 비해 열심히 살아남았기 때문입니다.

그 가운데 에스더가 페르시아의 왕후가 되는 일이 일어났습니다. 만약 일제강점기에 우리나라 여인이 일본 천왕의 부인이 되는 사건이 발생했다면, 우리나라 백성들은 일본 왕의 부인이 된 그 여인의 말을 따랐을까요?

그것도 3일간이나 음식도 먹지 말고, 심지어 물까지도 마시지 않으며 왕의 부인이 된 그 여인을 위해 기도해달라고 하면 과연 몇 명이나 그 일에 동참해주었을까요?

그런데 놀랍게도 페르시아의 4개의 수도 가운데 하나인 수산궁에서는 유대인들이 모르드개를 중심으로 하나같이 힘을 합해 에스더 왕후의 이 부탁을 다 들어주어 3일을 함께 금식하며 기도했습니다. 유대인들에게 에스더 왕후는 민족을 배반한 여인이 아닌, 민족을 살리는 여인으로 인식되고 있었던 것입니다.

"당신은 가서 수산에 있는 유다인을 다 모으고
나를 위하여 금식하되
밤낮 삼 일을 먹지도 말고 마시지도 마소서.
나도 나의 시녀와 더불어 이렇게 금식한 후에
규례를 어기고 왕에게 나아가리니
죽으면 죽으리이다 하니라.
모르드개가 가서 에스더가 명령한 대로 다 행하니라"
(에 4:16-17).

이때 유대인들이 페르시아 땅에서 만든 명절이 바로 부림절이었습니다. 부림절은 페르시아 왕후 에스더의 명령으로 온 유대인들이 금식하며 하나님께 기도함으로 자신들과 자신들의 자손들이 살아남게 된 날을 기념하는 날이고, 유대인들이 페르시아 제국 내에 가난한 자들을 돌아보는 날로 정한 명절이 되었습니다.

“한 규례를 세워 해마다 아달월 십사일과 십오일을 지키라. 이 달 이 날에 유다인들이 대적에게서 벗어나서 평안함을 얻어 슬픔이 변하여 기쁨이 되고 애통이 변하여 길한 날이 되었으니 이 두 날을 지켜 잔치를 베풀고 즐기며 서로 예물을 주며 가난한 자를 구제하라 하매”(에 9:21-22).

“정한 기간에 이 부림일을 지키게 하였으니 이는 유다인 모르드개와 왕후 에스더가 명령한 바와 유다인이 금식하며 부르짖은 것으로 말미암아 자기와 자기 자손을 위하여 정한 바가 있음이더라”(에 9:31).

페르시아 왕후 에스더는 이처럼 페르시아 제국의 왕후였음에도 불구하고 동시대 유대인들에게 존경과 사랑을 받았으며 유대 민족을 살린 여인으로 성경에 기록되었습니다.

이때 만약 유대인들이 페르시아 제국에서 하만의 계략대로 몰살을 당했다면, 이후에 에스라와 느헤미야와 같은 하나님의 사람들은 역사에 등장하지도 못했을 것입니다.

왜 에스라는 동시대 동족들에게 존경받았는가?

페르시아에서 태어난 아론의 16대 자손 에스라는 유대의 3대 율법학자(에스라, 힐렐, 가말리엘) 가운데 한 사람으로 유대 역사상 가장 월등하고 위대한 율법학자였습니다.

예루살렘으로 귀환하기 전까지 에스라는 페르시아 제국에서 왕에게 정치적 조언을 하는 왕의 학사였고, 페르시아의 왕은 에스라의 모든 필요를 채워주는 대단한 후견인이었습니다.

에스라는 페르시아에서 뛰어난 지식인으로 왕에게 중요한 정치적 조언과 법률 자문을 하는 사람으로 제국 내에서도 상당한 존중을 받고 있었으며 왕의 신임을 한 몸에 받는 사람이었습니다. 그러한 에스라가 페르시아 왕에게 예루살렘으로 귀환하고 싶다는 뜻을 밝혔습니다.

남유다 백성들이 바벨론 포로 생활 70년을 마치고 예루살렘으로 1차 귀환한 지 80년이 지난 그때에 에스라가 예루살렘으로의 귀환을 결정했기 때문입니다.

그러자 페르시아의 왕 아닥사스다는 에스라를 페르시아 제국 내의 유프라테스 강 서편 전 지역에서 사법권을 행사하는 총책임자로 임명하고, 예루살렘에 산헤드린 공회를 세우도록 허락했습니다. 또한 왕의 조서를 통해 유프라테스 강 서쪽의 모든 나라들이 에스라가 필요로 하는 것은 무엇이든 충분히 공급하게 했습니다.

"여호와의 계명의 말씀과 이스라엘에게 주신 율례 학자요 학자 겸 제사장인 에스라에게 아닥사스다 왕이 내린 조서의 초본은 아래와 같으니라.

모든 왕의 왕 아닥사스다는 하늘의 하나님의 율법에 완전한 학자 겸 제사장 에스라에게 조서를 내리노니 우리 나라에 있는 이스라엘 백성과 그들 제사장들과 레위 사람들 중에 예루살렘으로 올라갈 뜻이 있는 자는 누구든지 너와 함께 갈지어다.

너는 네 손에 있는 네 하나님의 율법을 따라 유다와 예루살렘의 형편을 살피기 위하여 왕과 일곱 자문관의 보냄을 받았으니 왕과 자문관들이 예루살렘에 거하시는 이스라엘 하나님께 성심으로 드리는 은금을 가져가고 또 네가 바벨론 온 도에서 얻을 모든 은금과 및 백성과 제사장들이 예루살렘에 있는 그들의 하나님의 성전을 위하여 기쁘게 드릴 예물을 가져다가 그들의 돈으로 수송아지와 숫양과 어린 양과 그 소제와 그 전제의 물품을 신속히 사서 예루살렘 네 하나님의 성전 제단 위에 드리고

그 나머지 은금은 너와 너의 형제가 좋게 여기는 일에 너희 하나님의 뜻을 따라 쓸지며 네 하나님의 성전에서 섬기는 일을 위하여 네게 준 그릇은 예루살렘 하나님 앞에 드리고 그 외에도 네 하나님의 성전에 쓰일 것이 있어서 네가 드리고자 하거든 무엇이든지 궁중창고에서 내다가 드릴지니라.

나 곧 아닥사스다 왕이 유브라데 강 건너편 모든 창고지기에게 조서를 내려 이르기를 하늘의 하나님의 율법 학자 겸 제사장 에스라가 무릇 너희에게 구하는 것을 신속히 시행하되 은

은 백 달란트까지, 밀은 백 고르까지, 포도주는 백 밧까지, 기름도 백 밧까지 하고 소금은 정량 없이 하라.

무릇 하늘의 하나님의 전을 위하여 하늘의 하나님이 명령하신 것은 삼가 행하라. 어찌하여 진노가 왕과 왕자의 나라에 임하게 하랴 내가 너희에게 이르노니 제사장들이나 레위 사람들이나 노래하는 자들이나 문지기들이나 느디님 사람들이나 혹 하나님의 성전에서 일하는 자들에게 조공과 관세와 통행세를 받는 것이 옳지 않으니라 하였노라.

에스라여 너는 네 손에 있는 네 하나님의 지혜를 따라 네 하나님의 율법을 아는 자를 법관과 재판관을 삼아 강 건너편 모든 백성을 재판하게 하고 그 중 알지 못하는 자는 너희가 가르치라. 무릇 네 하나님의 명령과 왕의 명령을 준행하지 아니하는 자는 속히 그 죄를 정하여 혹 죽이거나 귀양 보내거나 가산을 몰수하거나 옥에 가둘지니라 하였더라"(스 7:11-26).

페르시아 왕에게 이 정도의 무한 신뢰를 받고, 경제적 지원까지 넘치도록 받는 사람이 당시 페르시아 제국 내에 몇 명이나 되겠습니까. 그런데 에스라는 이것이 자신의 뛰어난 능력 때문이라고 말하지 않고, 오히려 하나님의 도우심을 받았기에 가능했다고 고백하고 있습니다.

"이 에스라가 바벨론에서 올라왔으니
그는 이스라엘의 하나님 여호와께서 주신
모세의 율법에 익숙한 학자로서
그의 하나님 여호와의 도우심을 입음으로
왕에게 구하는 것은 다 받는 자이더니"(스 7:6).

에스라가 총독 스룹바벨에 이어 두 번째 예루살렘으로의 귀환의 지도자가 되어 예루살렘으로 귀환합니다. 예루살렘에 도착한 에스라는 뜻을 정하는데, 그 뜻이 참으로 놀랍습니다. 페르시아에서 예루살렘으로 귀환한 에스라는 오직 여호와의 율법을 연구하고, 율법을 준행하고, 율법을 가르치는 일에만 전념하기로 결심했습니다.

에스라의 이 놀라운 결심으로 말미암아 이후 유대 땅에는 뛰어난 율법학자들이 계속 배출됩니다. 그래서 이후 헬라 제국이 고대 근동을 통치할 때에 히브리어 성경을 헬라어 성경으로 번역한 70인역(Septuagint, LXX)이 가능할 수 있었습니다.

에스라는 페르시아 왕에게 충성했고, 페르시아 왕은 에스라에게 깊은 신뢰와 경제적 지원을 아끼지 않았습니다. 그런데 더 놀라운 사실은 그 당시 에스라의 동족 유대인들은 페르시아 왕이 에스라를 신뢰하는 것보다 더 많이 에스라를 믿고 따랐다는 것입니다.

여기에서도 해답은 '제사장 나라'입니다. 에스라와 그 당시 유대인들의 뜻이 '다시 시작하는 제사장 나라'로 일치했기 때문입니다. 바벨론 포로 생활 70년이 예레미야 선지자의 예언대로 재앙이 아니고 희망이 되었습니다.

다시 제사장 나라를 시작할 수 있는 재교육의 시간이 되었습니다. 그렇기 때문에 당시 유대인들은 에스라를 향해 친페르시아주의자라고 비난하거나 매도하지 않았습니다.

에스라는 동족 유대인들에게 율법을 가르치며 그들이 다시 제사장 나라의 거룩한 시민으로 복귀하도록 도왔습니다. 에스라가 앞장서 하나님의 전 앞에서 엎드려 울며 회개하자 온 백성들이 함께 하나님 앞에 나아와 회개하고 용서받음으로 다시 하나님과 함께할 수 있는 길을 연 것입니다.

"에스라가 하나님의 성전 앞에 엎드려 울며 기도하여 죄를 자복할 때에 많은 백성이 크게 통곡하매 이스라엘 중에서 백성의 남녀와 어린 아이의 큰 무리가 그 앞에 모인지라.
엘람 자손 중 여히엘의 아들 스가냐가 에스라에게 이르되 우리가 우리 하나님께 범죄하여 이 땅 이방 여자를 맞이하여 아내로 삼았으나 이스라엘에게 아직도 소망이 있나니 곧 내 주의 교훈을 따르며 우리 하나님의 명령을 떨며 준행하는 자의 가르침을 따라 이 모든 아내와 그들의 소생을 다 내보내기로 우리 하나님과 언약을 세우고 율법대로 행할 것이라.
이는 당신이 주장할 일이니 일어나소서.
우리가 도우리니 힘써 행하소서 하니라"(스 10:1-4).

"나의 하나님이여
내가 부끄럽고 낯이 뜨거워서

감히 나의 하나님을 향하여 얼굴을 들지 못하오니
이는 우리 죄악이 많아 정수리에 넘치고
우리 허물이 커서 하늘에 미침이니이다"(스 9:6).

"우리 하나님이여 이렇게 하신 후에도
우리가 주의 계명을 저버렸사오니
이제 무슨 말씀을 하오리이까"(스 9:10).

에스라는 페르시아 제국의 높은 고위직 관료였음에도 불구하고, 당시 동족 유대인들에게 존경과 사랑을 받으며 동족들과 함께 다시 제사장 나라의 꿈을 키웠습니다.

왜 느헤미야는 동시대 동족들에게 존경받았는가?

에스라처럼 페르시아에서 출생한 느헤미야는 예루살렘으로의 2차 포로 귀환이 이루어지고 난 후 14년이 지났을 무렵에, 예루살렘으로의 3차 포로 귀환의 지도자로 예루살렘에 귀환한 유대 출신 총독이었습니다.

에스라와 느헤미야의 공통점은 페르시아 제국에서 매우 출세한 고위 공직자였다는 것과, 그들의 탁월한 능력은 비교가 불가능할 정도로 월등했다는 것입니다.

학사이자 제사장이었던 에스라가 예루살렘으로 귀환하여 율법 연구와 유대인들의 회개 운동을 이끌었다면, 총독 느헤미야는 예루살렘으로 귀환하여 불타고 무너졌던 예루살렘 성벽을 다시 재건하고 에스라와 함께 초막절 절기를 지켰습니다.

"백성이 율법의 말씀을 듣고 다 우는지라. 총독 느헤미야와 제사장 겸 학사 에스라와 백성을 가르치는 레위 사람들이 모든 백성에게 이르기를 오늘은 너희 하나님 여호와의 성일이니 슬퍼하지 말며 울지 말라 하고
느헤미야가 또 그들에게 이르기를 너희는 가서 살진 것을 먹고 단 것을 마시되 준비하지 못한 자에게는 나누어 주라. 이 날은 우리 주의 성일이니 근심하지 말라. 여호와로 인하여 기뻐하는 것이 너희의 힘이니라 하고"(느 8:9-10).

1차 포로 귀환자들은 바벨론 군인들에 의해 불타버린 예루살

렘 성전을 다시 재건하면서 방해하는 세력에 의해 16년간이나 성전 건축을 중단한 적이 있었습니다.

그때와 마찬가지로 느헤미야가 3차 포로 귀환자들을 이끌고 예루살렘으로 돌아와 예루살렘 성벽을 재건하고자 할 때 또 다시 방해하는 세력들이 나타났습니다. 그들의 방해는 집요했고, 심지어 그들은 느헤미야를 암살하려고까지 할 정도였습니다.

그러나 느헤미야는 이에 굴하지 않고 유대 동족들과 힘을 합쳐 허리에 칼을 차고 무너진 예루살렘 성벽 공사를 52일 만에 완성시켰습니다.

150년 전 바벨론 제국에 의해 예루살렘 성이 무너지고 불타고, 성전이 불타고, 성벽이 파괴되고, 온 집들이 불에 타 다 없어지고, 시체들이 나뒹굴며, 여인들과 아이들의 울음소리로 가득했던 예루살렘이 느헤미야에 의해 완전히 달라진 것입니다.

예루살렘에 성벽이 다시 세워짐으로 예루살렘은 무법천지에서 안전한 도시로 탈바꿈되었고, 가장 약자들인 여인들과 아이들이 안전한 곳에 살게 된 기쁨에 웃음이 가득한 도시가 되었습니다.

"이 날에 무리가 큰 제사를 드리고 심히 즐거워하였으니
이는 하나님이 크게 즐거워하게 하셨음이라
부녀와 어린 아이도 즐거워하였으므로
예루살렘이 즐거워하는 소리가 멀리 들렸느니라"(느 12:43).

이러한 일이 가능하도록 느헤미야가 페르시아 왕의 신뢰를 충분히 받아온 것입니다. 페르시아 제국의 고위 공직자 느헤미야는 페르시아 제국에서 충분히 출세한 사람임에도 불구하고, 당시 동족 유대인들에게 신뢰와 존경을 받았습니다. 이 또한 답은 '제사장 나라'에 있습니다. 페르시아로부터 귀환한 유대 민족은 독립된 나라를 다시 세울 수도 없었고, 왕을 세울 수도 없었습니다.

그러나 하나님께서 페르시아 제국을 통해 유대 민족에게 예

루살렘 성전을 다시 세울 수 있는 길을 열어주셨고, 그들이 제사장 나라의 거룩한 시민으로 회복할 수 있도록 에스라와 느헤미야 같은 하나님의 사람들을 통해 하나님의 역사를 이끄셨습니다.

그러한 사실을 당시 유대인들이 충분히 인식하고 있었습니다. '다시 시작하는 제사장 나라'로서의 70년간의 교육이 놀라운 성과를 낸 것입니다. 때문에 당시 유대인들은 스룹바벨, 에스더, 에스라, 느헤미야가 페르시아 제국의 고위 공직자들이었음에도 불구하고 그들을 미워하거나 '친페르시아주의자'라고 매도하지 않았습니다. 그리고 하나님의 뜻에 따라 다시 시작하는 제사장 나라의 꿈을 함께 꾸었습니다.

느헤미야보다 150년 전 하나님의 사람이었던 예레미야 선지자의 눈물이 헛되지 않았습니다.

예레미야가 밤이 새도록 울다가 결국 새벽에 소망을 노래했던 것이 현실이 되었습니다. 과거 출애굽세대가 광야에서 40년간 모세를 통해 제사장 나라를 교육받아 만나세대를 탄

생시켰던 것처럼, 바벨론 포로 70년간은 예레미야 선지자의 예언대로 제사장 나라의 재교육 시간이 되었습니다.

바벨론 포로로 끌려갔던 남유다 백성들이 70년간의 포로 생활을 마치고 페르시아로부터 귀환해서는 월등한 수준이 되어 하나님을 오해하지 않고 이해하는 거룩한 시민들이 되었습니다. 그래서 그들이 스룹바벨, 에스더, 에스라, 느헤미야를 오해하지 않고 이해하며 힘을 합해 제사장 나라를 다시 시작할 수 있게 된 것입니다.

Tip

아브라함의 후손들은 애굽으로 내려가서 큰 민족을 이루며 애굽 사람들로부터 '히브리 민족'이라 불렸습니다. 그리고 그들이 출애굽해 광야로 나와 '이스라엘'이라는 나라를 세웠습니다. 이스라엘은 가나안에 살게 되면서 사사 시대 350년, 그리고 왕정 500년을 보내는 가운데 한 민족 두 국가가 되어 '북이스라엘'과 '남유다'로 나뉘어 불립니다. 그러는 가운데 북이스라엘은 앗수르 제국에 의해 멸망해 혼혈족 '사마리아인'이 되고, 남유다는 바벨론 제국에게 멸망해 나라의 문을 70년간 닫고 바벨론 포로민 생활을 하게 됩니다. 그때 바벨론은 남유다뿐만 아니라 여러 나라에서 포로들을 끌어왔기 때문에 남유다 사람들을 '유대인'이라 불렀습니다. 그래서 그때로부터 유대인이라는 말이 생겨나게 된 것입니다.

바벨론 포로로 끌려와 페르시아에서 살다가 예루살렘으로 귀환한 유대인들이 그렇게 월등했습니다. 그들은 스룹바벨, 에스더, 에스라, 느헤미야 를 오해하지 않고 이해하는 높은 수준의 사람들이었습니다. 그때로부터 그 유대인들은 〈유대인의 탈무드〉, 〈유대인의 상술〉, 〈유대인의 교육〉 등을 만들어가기 시작했습니다.

4

왜 유대인은 사두개파, 바리새파, 에세네파로 분파되었는가?

창세기에서부터 말라기까지 구약성경 39권을 다 읽어보아도 사두개파, 바리새파, 에세네파라는 말은 눈을 비비며 찾아봐도 찾을 수가 없습니다. 구약시대에는 아브라함의 후손들인 이스라엘 12지파 사이에 이런 분파들이 존재하지 않았었기 때문입니다.

그런데 신약성경은 펼치자마자 4복음서에 이스라엘 나라 대신 유대인들이 등장하고, 유대인 사이에 사두개파, 바리새파, 에세네파가 이미 너무나 자연스럽게 존재하고 있음을 발견하게 됩니다.

그리고 더 놀라운 사실은 우리가 구약성경을 읽어 내려오는 동안 익숙하지 않은 바리새파와 사두개파 사람들에 대해 세례 요한과 예수님께서 상당히 못마땅하게 여기고 계시다는 사실을 발견하게 됩니다.

그렇다면 우리는 신약성경에서 왜 사두개파, 바리새파, 에세네파가 등장하게 되었는지 그 이유부터 먼저 살펴보아야 합니다. 그런데 이 문제에 대한 해답은 다소 어렵다고 느껴질 수 있습니다.

그 이유는 유대인들이 여러 분파로 나뉘게 된 이유가 말라기와 마태복음 사이의 400년간 즉, 신구약 중간기에 유대인들이 그들의 지향하는 바에 따라 여러 분파로 나뉘어졌기 때문입니다.

그래서 〈신구약 중간사, 400년〉을 따로 공부하지 않으면 '왜 유대인은 사두개파, 바리새파, 에세네파로 분파되었는가?'를 알기가 쉽지 않습니다.

구약의 마지막 책인 말라기는 성경 속 5대 제국 가운데 페르시아 제국이 유대를 통치하던 때입니다. 그런데 신약의 첫 번째 책인 마태복음은 성경 속 5대 제국 가운데 로마 제국이 유대를 통치하고 있습니다. 성경 속에 등장하는 5대 제국의 순서는 앗수르, 바벨론, 페르시아, 헬라, 로마입니다.

그렇다면 말라기와 마태복음 사이 400년 동안 페르시아 제국이 멸망하고, 헬라 제국이 있었고, 로마 제국이 등장해 있는 것입니다. 이는 다시 말해 신구약 중간기에 페르시아 제국과 로마 제국 사이에 헬라 제국이 등장했다가 사라졌고, 헬라 제국이 유대를 통치하던 때에 일어났던 일들은 성경에 기록되어 있지 않은 것입니다. 그런데 그 헬라 제국이 유대인들을 통치하던 시기에 유대인이 사두개파, 바리새파, 에세네파로 나뉘게 되었습니다.

헬라 제국은 페르시아 제국을 멸망시키고 등장한 새로운 제국입니다. 헬라 제국을 세운 사람은 마케도니아의 알렉산더(알렉산드로스) 대왕입니다.

우리가 알렉산드로스라는 이름으로도 알고 있는 바로 그 사람입니다. 알렉산더는 페르시아 제국을 멸망시키고, 페르시아 제국이 다스리던 모든 식민지를 다 차지했습니다. 그 가운데 유대도 포함되어 있었던 것입니다.

남유다는 70년간의 바벨론 포로에서 예루살렘으로 돌아와 페르시아 제국에 세금을 바치며 살고 있다가, 제국의 변동으로 인해 헬라 제국에 세금을 바치는 나라가 되었습니다.

헬라 제국의 알렉산더가 지배할 때의 유대는 그 이전 페르시아 제국에 세금을 바칠 때와 큰 차이가 없었습니다. 세금을 바치는 나라만 페르시아에서 헬라로 바뀌었을 뿐이었습니다.

그런데 알렉산더가 죽고, 알렉산더의 장수들이 헬라 제국을 크게 4등분하여 통치하면서부터 유대에 대한 정책이 바뀌었고, 유대에 큰 변화가 생기기 시작했습니다.

알렉산더가 죽은 후, 전반기 122년간 유대는 이집트 헬라 제국인 프톨레미 왕조의 통치를 받았습니다. 그때 유대는 이집트 헬라 제국의 식민지이기는 했으나 그런대로 큰 문제 없이 지냈습니다.

오히려 이집트 헬라 제국은 히브리어 성경을 헬라어 성경으로 번역하여 온 헬라 제국에 퍼뜨려 성경의 세계화를 가져다 주기까지 했습니다. 그런데 헬라 제국 내에서 그들 사이에 전쟁이 벌어지면서 유대의 통치가 이집트 헬라 제국에서 시리아 헬라 제국으로 넘어가게 됩니다.

그러면서 유대에 큰 변동이 발생하게 되었습니다. 시리아 헬라 제국은 이집트 헬라 제국과의 전쟁에서 승리하여 유대를 차지하기는 했으나, 그때 새로운 강대국으로 떠오르는 로마와의 전쟁에서 패배하면서 유대를 괴롭히기 시작했습니다. 시리아 헬라 제국이 로마와의 전쟁에서 패배한 것이 유대 때문이라고 어깃장을 놓았습니다.

시리아 헬라 제국이 지배하는 모든 나라들은 헬라화 정책을 잘 따르는데, 유일하게 유대만은 예루살렘 성전을 중심으로 유일신 하나님을 섬기기 때문에 문제가 있다고 주장한 것입니다. 그래서 시리아 헬라 제국은 유대에 헬라화를 강요하면서 가장 먼저 율법을 지키지 못하게 했습니다.

할례를 금지하고, 예루살렘 성전에 제우스 신상을 가져다놓고 절하게 하며, 돼지 피로 성전 바닥을 뒤덮게 했습니다. 그리고 로마에 물어주어야 할 전쟁 배상금을 갚기 위해 예루살렘 성전의 헌금에 손을 댔습니다. 거기에서 더 나아가 시리아 헬라 제국은 유대의 각 지방까지 하나님께 드리는 제사를 금하고, 제우스 신에 절하라는 명령을 내렸습니다.

그러자 유대가 시리아 헬라 제국에 대해 반기를 들었습니다. 그것이 마카비 혁명입니다. 마카비 혁명은 하스몬 제사장 가문이 중심이 되어 유대가 시리아 헬라 제국에 대항한 것입니다. 유대는 남유다가 멸망한 이래로 군대를 가지지 못했기 때문에 유대가 마카비 혁명을 통해 할 수 있는 군사행동은 오직 게릴라전뿐이었습니다.

그런데 놀랍게도 마카비 혁명에 가담한 3,000명이 게릴라전을 펼쳐 시리아 헬라 제국의 46,000명의 보병과 7,000기의 기병을 전멸시킵니다.

이처럼 예루살렘 성전이 모독당하는 것에 대한 유대의 저항이 얼마나 강했던지 결국 시리아 헬라 제국이 유대 땅에서 철수하고, 유대는 정말 오랜만에 나라가 독립되는 시기를 누리게 됩니다.

시리아 헬라 제국의 군인들을 철수시킨 마카비 혁명단은 가장 먼저 예루살렘 성전을 청결하게 했습니다. 이후 유대인들은 시리아 헬라 제국에 의해 더럽혀졌던 예루살렘 성전을 다시 청결하게 회복시킨 이날을 기념해 '수전절' 이라는 명절로 지켰습니다. 그리고 유대가 누리게 된 독립은 하스몬 왕조로 이어집니다.

하스몬 왕조는 마카비 혁명을 이끌었던 제사장이 왕이 되면서 생겨난 왕조로서 다윗 왕조와 달리 왕이 대제사장을 겸했던 독특한 왕조였습니다. 유대의 하스몬 왕조는 왕이 대제사장까지 겸하게 되자 어느 때보다도 예루살렘 성전의 힘이 강화되었습니다.

유대가 오랜만에 제국의 식민지를 잠시 벗어나 독립을 하고 왕조를 세우게 된 것입니다. 그러나 이때 이 상황에 대해 분리를 선언한 사람들이 생겨났습니다. 그들이 바로 유대 사회에서 경제적 중산층이었던 바리새파 사람들입니다.

바리새파는 종교적으로 시리아 헬라 제국에 저항했으나, 정치적으로는 오히려 동조하는 입장이었습니다. 더 나아가 대제사장이 왕까지 겸하는 하스몬 왕조에 대해서 지지하지 않았습니다.

그러자 사독의 후손으로 대제사장직과 왕을 겸하게 된 하스몬 왕조의 왕과 예루살렘 성전 중심의 제사장들, 그리고 유대의 종교 귀족들이 모인 그룹으로 사두개파가 생겨나게 되었습니다. 사두개파는 구약성경 39권 가운데 오직 모세5경만을 성경으로 받아들였고, 그들에게 가장 중요한 것은 예루살렘 성전이었습니다.

이렇게 유대의 하스몬 왕조 체제하에 종교적 귀족 그룹인 사두개파와 경제적 중산층인 바리새파가 공존하다가 두 그룹이 크게 한판 붙는 계기가 있었습니다.

그것은 다름 아닌 왕의 결혼식 때문이었습니다. 하스몬 왕조의 알렉산데스 야나이우스가 결혼식을 올렸는데, 맞이한 신부가 자신의 형수 살로메 알렉산드라였습니다. 왕이 죽은 자기 형의 아내를 자신의 아내로 맞이했던 것입니다.

그런데 문제는 왕이 형수와 결혼하는 것까지는 봐줄 수 있지만, 대제사장은 과부와 결혼해서는 안 되는 것이 율법이었습니다.

왕의 이 결혼식에 바리새인들이 올리브 가지를 왕에게 집어던지며 대제사장을 겸하고 있던 왕을 모독했습니다. 그러자 야나이우스는 바리새인들을 잡아들여 그들 가운데 800명을 십자가에 매달아 죽였습니다.

때문에 살아남기 위해 수천 명의 바리새인들이 도망해야 했습니다. 이때로부터 사두개파와 바리새파 사이가 견원지간(犬猿之間)이 되었습니다.

이렇게 유대 사회 내에 사두개파와 바리새파가 생겨나서 서로 싸우자, 어느 쪽에도 속하지 않는 나름 경건한 사람들이 예루살렘 성전을 떠나 사막으로 가서 동굴 등에서 오직 하나님의 말씀인 성경을 필사하며 공동체 생활을 하기 시작했습니다.

그들이 에세네파입니다. 우리가 잘 아는 세례 요한이 바로 에세네파 출신입니다. 에세네파는 예루살렘 성전이 중요한 것이 아니라 마음의 성전이 중요하다고 여겼고, 회개 운동과 세례를 시작했으며 공동체가 금욕 생활을 했습니다.

이처럼 유대의 분파는 시리아 헬라 제국이 유대를 통치하던 때에 예루살렘 성전을 모독하고 율법을 지키지 못하게 함으로 유대 내부에서 일어난 독립전쟁이었던 마카비 혁명, 그리고 마카비 혁명으로 인한 성전 청결(수전절)과 유대의 독립, 유대의 독립으로 다시 시작된 왕정인 하스몬 왕조의 시작과 왕의 결혼식 등이 분파의 배경입니다.

이렇게 유대는 잠시 독립해 하스몬 왕조를 세웠다가, 다시 로마 제국의 식민지가 됩니다. 그런데 신구약 중간기에 나뉘게 된 사두개파, 바리새파, 에세네파가 로마 제국의 통치하에서도 그대로 계속되었습니다. 그래서 신약성경을 펼치면 로마 제국의 식민지가 된 유대에 사두개파, 바리새파, 에세네파가 등장하는 것입니다.

신약성경은 전체가 다 로마 제국의 우산 아래 있습니다. 마태복음에서부터 요한계시록까지 유대가 로마 제국의 식민지였을 때 모두 기록되었기 때문입니다.

신약성경 속에서 사두개파와 바리새파는 신구약 중간기와 마찬가지로 늘 싸웠는데, 그들이 유일하게 한 번 뜻을 함께 모은 적이 있습니다. 그것은 예수님을 십자가에 죽이려고 함께 뜻을 모아 모의했을 때뿐이었습니다.

"그 때에 대제사장들과 백성의 장로들이
가야바라 하는 대제사장의 관정에 모여
예수를 흉계로 잡아 죽이려고 의논하되 말하기를
민란이 날까 하노니 명절에는 하지 말자 하더라"(마 26:3-5).

5

왜 예수님은 사두개파, 바리새파보다
세리와 창기를 친구로 여기셨는가?

바리새파에 속한 사람들을 바리새인이라 부르고, 사두개파에 속한 사람들을 사두개인이라 부릅니다.

그런데 말라기 선지자를 통해 하나님께서 보내겠다고 말씀하신 바로 그 선지자 엘리야였던 세례 요한과 하나님의 아들이신 예수님은 바리새인들과 사두개인들에 대해 심하다 할 정도로 드러내놓고 모욕적인 언사를 쏟아내셨습니다. 더 나아가 예수님께서는 공생애 말기에는 심지어 그들에게 대놓고 '너희에게는 화가 있을 것' 이라고까지 말씀하셨습니다.

"보라 여호와의 크고 두려운 날이 이르기 전에
내가 선지자 엘리야를 너희에게 보내리니"(말 4:5).

"내가 진실로 너희에게 말하노니 여자가 낳은 자 중에
세례 요한보다 큰 이가 일어남이 없도다.
그러나 천국에서는 극히 작은 자라도 그보다 크니라"
(마 11:11).

"만일 너희가 즐겨 받을진대 오리라 한 엘리야가 곧 이 사람이니라"(마 11:14).

"요한이 많은 바리새인들과 사두개인들이 세례 베푸는 데로 오는 것을 보고 이르되 독사의 자식들아 누가 너희를 가르쳐 임박한 진노를 피하라 하더냐.
그러므로 회개에 합당한 열매를 맺고 속으로 아브라함이 우리 조상이라고 생각하지 말라.
내가 너희에게 이르노니 하나님이 능히 이 돌들로도 아브라함의 자손이 되게 하시리라.
이미 도끼가 나무 뿌리에 놓였으니 좋은 열매를 맺지 아니하는 나무마다 찍혀 불에 던져지리라"(마 3:7-10).

"화 있을진저 외식하는 서기관들과 바리새인들이여. 너희는 천국 문을 사람들 앞에서 닫고 너희도 들어가지 않고 들어가려 하는 자도 들어가지 못하게 하는도다.
화 있을진저 외식하는 서기관들과 바리새인들이여. 너희는 교인 한 사람을 얻기 위하여 바다와 육지를 두루 다니다가 생기면 너희보다 배나 더 지옥 자식이 되게 하는도다.
화 있을진저 외식하는 서기관들과 바리새인들이여. 너희가 박하와 회향과 근채의 십일조는 드리되 율법의 더 중한 바 정의와 긍휼과 믿음은 버렸도다. 그러나 이것도 행하고 저것도 버리지 말아야 할지니라.
화 있을진저 외식하는 서기관들과 바리새인들이여. 회칠한 무덤 같으니 겉으로는 아름답게 보이나 그 안에는 죽은 사람의 뼈와 모든 더러운 것이 가득하도다.
화 있을진저 외식하는 서기관들과 바리새인들이여. 너희는 선지자들의 무덤을 만들고 의인들의 비석을 꾸미며 이르되" (마 23:13,15,23,27,29).

한 생명을 천하보다 귀하게 여기신 예수님께서 바리새인들과 사두개인들에게는 왜 그렇게까지 심한 말씀을 거침없이 하셨을까요?

그것은 그들이 외식하는 자들이었고, 역겨운 위선자들이었기 때문입니다. 그들은 하나님의 말씀을 알지 못해 하나님을 믿지 않은 것이 아니라, 하나님의 말씀을 다 읽어서 알면서도 그 말씀을 가지고 위선을 떨며 엉뚱한 선민의식에 사로잡혀 다른 사람들을 무시하고, 오히려 사람들로 하여금 하나님께 더 가까이 가지 못하게 방해하는 사람들이었습니다.

바리새인들과 사두개인들은 예수님의 말씀을 듣고도 오히려 예수를 잡아 죽이려고 모의했고, 어떻게든 예수님을 곤경에 빠뜨리기 위해 그들이 가진 온갖 힘을 다 동원했습니다.

그들은 안식일에 예수님의 제자들이 배가 고파 밀 이삭을 먹은 일을 가지고 트집을 잡았고, 안식일에 예수님께서 병자를 고치는 일을 가지고도 율법 운운하며 예수님을 공격했습니다.

또한 간음하다 잡힌 여자를 끌고 와서 예수님을 곤경에 빠뜨리려고도 했고, 세금 문제를 가지고 예수님을 걸고 넘어가기도 했습니다. 그러나 바리새인들과 사두개인들이 저지른 가장 큰 잘못은 하나님의 아들이신 예수 그리스도가 전하는 말씀을 듣고도 예수를 믿지 않은 것입니다.

하나님께서는 예수님에 대해 "내 사랑하는 아들이요 내 기뻐하는 자라."라고 말씀하시며 "너희는 그의 말을 들으라."라고 말씀하셨습니다. 예수님의 말씀을 듣는 것이 하나님의 말씀을 듣는 일입니다.

그런데 바리새인들과 사두개인들은 하나님을 믿는다고 하면서, 실제로는 하나님의 말씀을 듣지 않습니다. 그래서 바리새인들과 사두개인들은 예수님께 질타를 받은 것이고, 예수님의 친구가 되지 못했습니다.

"말할 때에 홀연히 빛난 구름이 그들을 덮으며
구름 속에서 소리가 나서 이르시되
이는 내 사랑하는 아들이요 내 기뻐하는 자니

너희는 그의 말을 들으라 하시는지라"(마 17:5).

그렇다면 세리와 창기는 어떻게 예수님의 친구가 되었을까요? 정답부터 말씀드리자면, 세리와 창기들은 하나님의 아들이신 예수 그리스도의 말씀을 듣고 믿었기 때문입니다.

예수님 당시 바리새인들과 사두개인들은 로마 제국의 식민지 백성들이었음에도 불구하고 나름 사회 · 경제적으로 안정적인 사람들이었습니다. 그에 반해 세리와 창기는 유대 사회에서 사람 취급조차 받지 못하는 가장 낮은 계급의 사람들이었습니다.

세리는 유대인들에게 로마 제국의 개와 같은 취급을 받는 사람들이었고, 창기는 당시 사회에서 가장 천시 받는 직업에 종사하는 여자들로 보통 사람들은 그녀들과 상종조차 하지 않으려 했습니다.

그런데 예수님께서 세리 마태를 만나시고, 마태의 집에 가셔서 함께 음식을 드셨습니다. 그러자 많은 세리들이 용기를 내서 예수님 곁으로 왔고, 예수님의 말씀을 들었습니다.

바리새인들, 사두개인들과 달리 오히려 세리들은 예수님의 말씀을 듣고 싶어 했으며, 예수님을 믿고 따르고 싶어 했습니다. 예수님께서 세리 마태를 찾아가신 것은 건강한 자에게는 의원이 필요하지 않지만, 병든 자에게는 의원이 필요하다고 생각하셨기 때문입니다.

그리고 세리 마태가 예수님의 친구가 된 것은 그가 예수님의 말씀을 듣고, 예수님을 믿었으며, 모든 것을 버려두고 예수님을 따라 예수님의 제자가 되었기 때문입니다.

"예수께서 그 곳을 떠나 지나가시다가 마태라 하는 사람이 세관에 앉아 있는 것을 보시고 이르시되 나를 따르라 하시니 일어나 따르니라.
예수께서 마태의 집에서 앉아 음식을 잡수실 때에 많은 세리와 죄인들이 와서 예수와 그의 제자들과 함께 앉았더니 바리새인들이 보고 그의 제자들에게 이르되 어찌하여 너희 선생은 세리와 죄인들과 함께 잡수시느냐.

예수께서 들으시고 이르시되 건강한 자에게는 의사가 쓸 데 없고 병든 자에게라야 쓸 데 있느니라 너희는 가서 내가 긍휼을 원하고 제사를 원하지 아니하노라 하신 뜻이 무엇인지 배우라.
나는 의인을 부르러 온 것이 아니요 죄인을 부르러 왔노라 하시니라"(마 9:9-13).

또한 세리 삭개오는 예수님이 보고 싶어서 돌무화과나무 위에까지 올라갔던 사람입니다. 예수님께서 삭개오의 집을 방문하셔서 삭개오와 대화를 나누셨습니다.

"예수께서 그 곳에 이르사 쳐다 보시고 이르시되 삭개오야 속히 내려오라 내가 오늘 네 집에 유하여야 하겠다 하시니
급히 내려와 즐거워하며 영접하거늘 뭇 사람이 보고 수군거려 이르되 저가 죄인의 집에 유하러 들어갔도다 하더라"
(눅 19:5-7).

그러자 예수님의 말씀을 들은 삭개오는 자신의 잘못을 회개하고 새사람으로 거듭났습니다. 이처럼 예수님의 말씀을 듣

고 예수님을 믿는 사람은 그가 비록 세리라 할지라도 예수님의 친구가 될 수 있었습니다.

예수님은 또한 창기들과도 친구가 되어주셨습니다. 왜냐하면 그들도 세리들처럼 예수님의 말씀을 듣고 예수님을 믿었기 때문입니다.

누가복음에 등장하는 한 여인은 '그 동네에 죄를 지은 한 여자' 라고 표현하고 있는데 그 여인이 어떤 여인인지 충분히 미루어 짐작이 가는 여인입니다. 그 여인은 향유를 담은 옥합을 가지고 와서 예수님의 발 곁에 서서 울며 눈물로 예수님의 발을 적시고, 자기 머리털로 예수님의 발을 닦고, 예수님의 발에 입맞추고, 향유를 부은 여인입니다.

그러자 이 여인의 일로 잠시 논쟁이 일어납니다. 그런데 예수님께서 그 여인에게 "네 죄 사함을 받았느니라."라고 말씀하시며 사죄의 은총을 베푸셨습니다. 그리고 더 나아가 "네 믿음이 너를 구원하였으니 평안히 가라."라고까지 말씀해주셨습니다.

"그 동네에 죄를 지은 한 여자가 있어 예수께서 바리새인의 집에 앉아 계심을 알고 향유 담은 옥합을 가지고 와서 예수의 뒤로 그 발 곁에 서서 울며 눈물로 그 발을 적시고 자기 머리털로 닦고 그 발에 입맞추고 향유를 부으니"(눅 7:37-38).

"이에 여자에게 이르시되 네 죄 사함을 받았느니라. 하시니 함께 앉아 있는 자들이 속으로 말하되 이가 누구이기에 죄도 사하는가 하더라. 예수께서 여자에게 이르시되 네 믿음이 너를 구원하였으니 평안히 가라 하시니라"(눅 7:48-50).

기독교는 윤리적 종교가 아닙니다. 그렇다고 막 살라는 것이 아닙니다. 하지만 예수님은 죄지은 사람들을 질타하고 처벌하시기 위해 이 땅이 오신 것이 아니고, 죄지은 사람들이 자신들의 죄를 뉘우치고 새로운 삶을 살게 하시기 위해 이 땅에 오셨습니다.

죄지은 여인은 자기 잘못을 이미 잘 알고 있었고, 그 죄를 뉘우치며 향유를 들고 예수님 앞에 나아가 용서를 빈 것입니다. 주님 앞에 나아가 용서를 빌면 사랑의 주님은 죄를 용서해주시고 평안을 주십니다. 정말 잘못하는 것은 죄를 짓고도 용서를 구하지 않는 것입니다.

예수님은 간음하다 현장에서 잡혀 예수님 앞에 끌려온 여인에게도 돌을 던지지 않으셨습니다. 그리고 그 여인을 용서하시며 그 여인에게 가서 다시는 죄를 짓지 말라고 말씀하셨습니다.

"예수께서 일어나사 여자 외에 아무도 없는 것을 보시고 이르시되 여자여 너를 고발하던 그들이 어디 있느냐 너를 정죄한 자가 없느냐 대답하되 주여 없나이다.
예수께서 이르시되 나도 너를 정죄하지 아니하노니 가서 다시는 죄를 범하지 말라 하시니라"(요 8:10-11).

또한 예수님께서 십자가에서 죽으시고, 3일 만에 부활하신 그 부활의 아침에 부활의 주님을 만난 여인들 가운데 한 여인도 전에 창기였던 여인이었습니다.

그 여인은 예수님께서 죽으시고 3일 만에 부활하신다는 말씀을 믿었습니다. 그래서 그 새벽에 예수님을 만나기 위해 주께서 묻혀 계신 그 무덤가로 찾아갔던 것입니다. 이처럼 예수님의 말씀을 듣고 믿는 자가 예수님의 친구입니다.

"갈릴리에 모일 때에 예수께서 제자들에게 이르시되 인자가 장차 사람들의 손에 넘겨져 죽임을 당하고 제삼일에 살아나리라 하시니 제자들이 매우 근심하더라"(마 17:22-23).

"안식일이 다 지나고 안식 후 첫날이 되려는 새벽에 막달라 마리아와 다른 마리아가 무덤을 보려고 갔더니"(마 28:1).

예수님께서 바리새인과 사두개인보다 세리와 창기를 친구로 여기신 것은 바리새인들과 사두개인들은 예수님의 말씀을 듣고도 예수님을 믿지 않았으나, 세리와 창기들은 예수님의 말씀을 듣고 예수님을 믿었기 때문입니다.

하나님을 믿는다는 것은 하나님께서 보내신 그 아들을 믿는 것입니다. 세리와 창기들은 하나님의 아들이신 예수님의 말씀을 듣고 믿음으로 예수님의 친구가 된 것입니다.

예수님의 친구가 되는 길은 예수님의 말씀을 듣고, 하나님의 아들이신 예수님을 믿는 것입니다.

"예수께서 그들에게 이르시되
내가 진실로 너희에게 이르노니 세리들과 창녀들이
너희보다 먼저 하나님의 나라에 들어가리라
요한이 의의 도로 너희에게 왔거늘
너희는 그를 믿지 아니하였으되 세리와 창녀는 믿었으며
너희는 이것을 보고도 끝내 뉘우쳐 믿지 아니하였도다"
(마 21:31-32).

6

왜 대제사장 세력들은 스데반, 야고보를 죽이고, 바울을 30년 동안 때렸는가?

하나님께서 다윗에게 주신 예루살렘 성전 설계도에 의하면, 예루살렘 성전은 크게 세 부분으로 나뉘어 있었습니다. 성전의 내부는 지성소와 성소가 휘장을 사이로 구분되어 있었고, 성전 밖은 이방인의 뜰이 형성되어 있었습니다.

하나님께서 성전을 세 부분으로 구분하신 이유는 세 곳의 공간이 각각 쓰임새가 달랐기 때문입니다. 먼저 성전 내부의 지성소는 1년에 단 한 번 대제사장만이 들어갈 수 있는 곳이었고, 성소와 그 바깥 번제단은 이스라엘이 하나님 앞에 나아가기 위해 준비하고 제사를 드리는 곳이었습니다.

그리고 성전 밖의 이방인의 뜰은 세계 만민이 누구나 다 와서 하늘의 하나님께 기도할 수 있는 곳이었습니다.

"그리하시면 그들이 주께서 우리 조상들에게 주신 땅에서 사는 동안에 항상 주를 경외하리이다.
또 주의 백성 이스라엘에 속하지 아니한 자 곧 주의 이름을 위하여 먼 지방에서 온 이방인이라도 그들이 주의 크신 이름과 주의 능한 손과 주의 펴신 팔의 소문을 듣고 와서 이 성전을 향하여 기도하거든
주는 계신 곳 하늘에서 들으시고 이방인이 주께 부르짖는 대로 이루사 땅의 만민이 주의 이름을 알고 주의 백성 이스라엘처럼 경외하게 하시오며 또 내가 건축한 이 성전을 주의 이름으로 일컫는 줄을 알게 하옵소서"(왕상 8:40-43).

그런데 예수님 당시의 예루살렘 성전은 대제사장들에 의해 이방인의 뜰이 용도가 변경되어 그곳이 유대인들의 필요를 채우는 장사하는 사람들을 위한 공간이 되었습니다.

그래서 온유하고 겸손하신 우리 예수님께서 그토록 화를 내시

며 성전의 의미에 대해 다시 강하게 언급하셨던 것입니다.

"예수께서 성전에 들어가사 성전 안에서 매매하는 모든 사람들을 내쫓으시며 돈 바꾸는 사람들의 상과 비둘기 파는 사람들의 의자를 둘러 엎으시고
그들에게 이르시되 기록된 바 내 집은 기도하는 집이라 일컬음을 받으리라 하였거늘 너희는 강도의 소굴을 만드는도다 하시니라"(마 21:12-13).

이처럼 예수님 당시 즉, 로마 제국이 유대를 지배하던 시기에 예루살렘 성전의 대제사장들은 이미 그들의 본분에서 상당 부분 어긋난 자리에 있었고, 형식적인 종교 지도자의 탈을 쓴 자들에 불과했습니다.

더 나아가 그들은 그들에게 주어진 사명에서는 이미 멀리 떠나 있었고, 오직 특권을 누리는 데만 급급해 있었습니다.

그런데 유대 사회 내에서 세례 요한에 의해 무서운 기세로 회개 운동이 펼쳐지더니, 급기야 예수님에 의해 대대적인 하나

님 나라 운동이 일어났습니다.

그러자 예루살렘 성전의 대제사장들이 이를 골치 아픈 껄끄러운 문제로 여겼습니다. 그래서 그들은 세례 요한을 죽음으로 몰고, 로마 제국의 힘을 이용해 예수님을 십자가에 못 박아 죽이는 데 그들의 힘을 사용했습니다. 대제사장들은 그들이 마땅히 해야 할 일은 하지 않고, 해서는 안 되는 일에 그들의 종교 권력을 악용했습니다. 대제사장들의 술수로 예수님께서 마침내 십자가 위에서 돌아가시자, 대제사장들은 드디어 모든 시끄러운 일들이 마무리되고 다시 그들 중심의 세상이 되었다고 생각했습니다.

그런데 사건이 종료된 것이 아니었습니다. 예수님께서 십자가 위에서 죽기 전에 "다 이루었다."라고 말씀하셨는데, 그 순간 예루살렘 성전의 휘장이 찢어진 것입니다.

성전의 휘장은 지성소와 성소를 구분하는 중요한 천으로, 특히 대제사장은 1년에 한 번 혼자서 휘장을 걷고 지성소에 들어가는 것이 그의 존재 이유였기에 이는 기절할 만한 사건이었습니다.

하나님께서 성전의 휘장을 찢으신 이유는 1,500년 된 제사장 나라를 종료시키고, 제사장 나라를 하나님 나라 속으로 담기 위해서였습니다.

다시 말해 더 이상 대제사장이 유대인들의 죄를 가지고 1년에 한 번 지성소에 들어가 하나님으로부터 용서를 받지 않아도 되는 것이었습니다. 예수님께서 하나님의 어린양으로 십자가에서 죽으시고 보혈의 피를 흘리심으로 이제는 유대인들의 죄뿐 아니라, 세상 모든 사람들의 죄가 사함을 입게 되었기 때문입니다.

그렇기 때문에 예수님께서 십자가 위에서 "다 이루었다."라고 말씀하실 때에 성전의 휘장이 찢어진 후로는 대제사장이 지성소에 들어가도 하나님께서 대제사장을 통해 하나님의 용서를 베풀지 않으셨습니다. 오직 예수의 보혈만이 하나님의 용서를 구하는 통로가 되었기 때문입니다.

그런데 예루살렘 성전의 대제사장들은 없어 보이게(?) 찢어진 성전의 휘장을 다시 꿰매 아무 효력도 없는 지성소에 그 후로도 30년간 더 들어가는 퍼포먼스(?)를 계속했습니다.

그러면서 '예수는 주'라고 진리를 외치는 자들을 사도행전 30년 기간 내내 잡아 죽이고 때리는 폭력을 서슴지 않았습니다. 그리고 그들은 예수님에 대한 악의적인 소문을 만들어 퍼뜨렸습니다. 그들이 퍼뜨린 예수님에 대한 악의적인 소문은 크게 4가지였습니다.

첫째, 예수는 신성모독자이다.
둘째, 예수는 성전 모독자이다.
셋째, 예수는 자칭 유대인의 왕이다.
넷째, 예수는 부활했다고 속이는 자이다.

그러면서 예루살렘 성전의 대제사장들은 야고보를 죽음으로 몰고, 스데반을 죽이는 일을 유대교 산헤드린 종교 재판으로 시행했습니다. 그들의 예수님에 대한 악의적인 소문은 얼마나 그럴싸했던지 그토록 똑똑하고 머리 좋은 가말리엘의 제자 사울까지도 감쪽같이 속아 넘어갔습니다.

청년 사울은 예루살렘 대제사장들의 말만 믿고 스데반을 죽이는 일에 앞장섰고, 더 나아가 제2, 제3의 스데반을 잡기 위해 산헤드린 공회의 공문을 들고 다메섹으로 달려갔습니다. 그 청년 사울 앞에 부활하신 예수님께서 나타나셨습니다.

"사울아."
"누구십니까?"
"네가 핍박하는 예수다."

예수님과 사도 바울의 만남은 이처럼 채 10초가 되지 않습니다. 그런데 그 짧은 시간 안에 청년 사울이 모든 것을 깨닫습니다. 사울이 그 순간 제사장 나라가 끝났고, 하나님 나라가 도래했음을 알게 된 것입니다.

그리고 예수님이 신성모독자, 성전 모독자, 자칭 유대인의 왕, 그리고 부활을 속이는 자가 아니고, 살아계신 하나님의 아들이심을 알게 되었습니다. 사도 바울이 깨달은 예수는 다음과 같습니다.

첫째, 예수님은 신성모독자가 아닌, 살아계신 하나님의 아들이시다.
둘째, 예수님은 성전 모독자가 아닌, 성전보다 큰 분이시다.
셋째, 예수님은 자칭 유대인의 왕이 아닌, 세상 모든 나라의 왕이시다.
넷째, 예수님은 부활을 속이는 자가 아닌, 사망 권세를 깨뜨리고 부활하신 부활의 첫 열매이시다.

사울이 사도 바울이 되자, 예루살렘 성전의 대제사장들이 크게 당황하고 놀랍니다. 그러자 그때부터 그들은 사도 바울을 죽이는 일에 로마 제국 전역에 퍼져 있는 디아스포라 유대인 회당의 모든 네트워크를 동원합니다.

사도 바울이 '예수는 주' 라고 외치며 복음을 전하는 모든 곳에서 유대인들이 사도 바울을 방해하게 했습니다. 그들은 심지어 사도 바울을 죽이기 위한 암살단까지 조직했습니다. 이것이 대제사장들이 하나님의 일이라고 주장하며 시행했던 악

행이었습니다.

예수님께서 십자가 위에서 "다 이루었다."라고 말씀하셨던 그 순간, 성전의 휘장이 찢어지면서 제사장 나라는 완전하게 종료되었습니다. 그리고 그때로부터 제사장 나라를 모두 담는 더 큰 하나님 나라가 본격적으로 시작되었습니다. 하지만 예루살렘 성전의 대제사장들은 그러한 하나님의 뜻을 따르지 않고, 이미 종료된 제사장 나라를 붙잡고 30년을 더 버텼습니다.

그 기간 동안 그들은 로마 제국으로부터 공식적으로 허락받은 예루살렘 성전에서의 그들의 종교적 기득권을 지키고자 야고보를 죽음에 이르게 하고, 스데반을 죽이고, 사도 바울에게 40에 하나 감한 매를 다섯 번이나 치며 온갖 폭력을 행사했습니다.

예루살렘 성전의 대제사장들이 찢어진 휘장을 다시 꿰매면서까지, 그리고 스데반과 야고보를 죽음에 이르게 하고 사도 바울에게 폭력을 행사하면서까지 그토록 내려놓지 않고 지키려 했던 그들의 '특권'(권한)은 크게 4가지였습니다.

첫째, 예루살렘 성전을 중심으로 행해지는 3대 명절(유월절, 오순절, 초막절)을 주관하는 권한

둘째, 1년에 1차례 온 유대인들의 죄를 가지고 지성소에 들어가 하나님께 용서를 받아 나오는(사면 청구권) 권한

셋째, 예루살렘 성전의 헌금(디아스포라 유대인이 바치는 어마어마한 십일조를 포함)을 관리하고 집행하는 예 · 결산의 권한

넷째, 로마 제국 전역에 세워진 디아스포라 유대인들의 회당에 '공문' 을 보내는 권한

그런데 사도가 된 예수님의 제자들과 초기교회 지도자들이 대제사장들이 가진 이 특권(권한)을 내려놓으라고 주장했던 것입니다. 이 모든 특권(권한)은 유효기간이 다 지났고, 오직 예수 그리스도의 십자가 보혈을 통해 하나님의 사면권이 주어지게 되었기 때문입니다.

그런데 이렇게 좋은 특권(권한)을 그들이 어떻게 내려놓을 수 있겠습니까. 그래서 예루살렘 성전의 대제사장들은 스데반과 야고보를 죽음에 이르게 하고, 사도 바울에게 40에 하나 감한 매를 다섯 번이나 치면서까지, 그리고 사도 바울을 죽

이려고 암살단을 보내면서까지 그 특권(권한)을 지키려 했습니다.

사도행전 30년간 유대교 유대인들이 기독교 유대인들의 복음 전파를 그토록 방해했던 것은 예루살렘 성전의 대제사장들의 속보이는 종교 기득권이 이 흐름을 주도했기 때문입니다. '하나님의 일' 은 하나님께서 보내신 이를 믿는 것인데, 하나님께서 보내신 이를 믿지 못하도록 하는 일이 예루살렘 성전의 대제사장들의 일이었던 것입니다.

7

왜 로마는 470명의 군인들을 동원해 바울을 경호해주다가 죽였는가?

사도 바울이 1,2,3차 전도여행을 모두 마치고 예루살렘을 방문했습니다. 그때 사도 바울의 계획은 예루살렘을 방문한 이후, 로마를 거쳐 당시 사람들에게 땅끝이라고 알려져 있던 서바나(지금의 스페인)까지 전도여행을 떠나는 것이었습니다.

그런데 예루살렘에서 그만 대형사고가 나고 말았습니다. 지난 30여 년간 수도 없이 죽을 위험에 처했었던 사도 바울이 예루살렘 성전에 올라갔다가 마침내 정말 죽을 위험에 빠지게 된 것입니다. 과거 사도 바울이 청년 시절 스데반을 죽이려 했던 그때와 같이 여전히 예루살렘의 대제사장들에게 속고 있는 유대인들이 사도 바울을 기어코 죽이려 한 것입니다.

큰 폭동이 일어나자 당시 예루살렘의 치안을 담당하고 있던 로마 군대의 천부장이 이 사건에 개입했습니다. 천부장은 우선 바울을 살리려고 사람들이 달려들어 죽이려 했던 바울을 영문 안으로 피신시켰습니다.

그리고 사건의 정황을 파악하고자 로마 제국이 일반적으로 식민지 백성을 대하는 방식인 채찍으로 바울을 때리려 했습니다. 일단 문제를 일으킨 식민지 백성을 채찍으로 때리고 나서 사건의 진위를 물으려 했던 것입니다. 그러자 바울이 자신이 로마 시민권자임을 밝힙니다.

당시 로마 제국의 로마 시민권자는 제국 내 어느 곳에 있든지 시민권자의 권리를 행사할 수 있었습니다. 로마 시민은 재판을 거치지 않고는 절대로 채찍으로 맞지 않을 권리가 있었습니다.

사도 바울이 로마 시민권자임을 알게 된 천부장이 그 와중에 자신은 로마 시민권을 돈 주고 샀다고 말하며, 바울은 어떻게 로마 시민권을 가지게 되었는지를 묻습니다. 그러자 바울은 태어날 때부터 자신은 유대인이자, 동시에 로마 시민권자이었다고 말합니다.

"또 바울을 태워 총독 벨릭스에게로 무사히 보내기 위하여 짐승을 준비하라 명하며 또 이 아래와 같이 편지하니 일렀으되 글라우디오 루시아는 총독 벨릭스 각하께 문안하나이다.
이 사람이 유대인들에게 잡혀 죽게 된 것을 내가 로마 사람인 줄 들어 알고 군대를 거느리고 가서 구원하여다가 유대인들이 무슨 일로 그를 고발하는지 알고자 하여 그들의 공회로 데리고 내려갔더니"(행 23:24-28).

사도 바울이 로마 시민권자임이 밝히자, 천부장은 로마 시민 바울을 보호하고자 로마 군대를 동원합니다.

왜냐하면 당시 사도 바울을 죽이려는 유대의 암살단원이 자그마치 40명이나 되었고, 그들은 사도 바울을 죽이기 전에는 먹지도 않고 마시지도 않겠다고까지 결의한 잔인무도한 사람들이었기 때문입니다. 이에 천부장이 로마 시민 바울의 생명을 보호하고자 밤에 사도 바울을 예루살렘으로부터 로마 총독과 로마 군단이 거처하는 가이사랴까지 옮겨주면서 보병 200명, 기병 70명, 그리고 창병 200명을 동원했습니다.

"당신은 그들의 청함을 따르지 마옵소서. 그들 중에서 바울을 죽이기 전에는 먹지도 않고 마시지도 않기로 맹세한 자 사십여 명이 그를 죽이려고 숨어서 지금 다 준비하고 당신의 허락만 기다리나이다 하니
이에 천부장이 청년을 보내며 경계하되 이 일을 내게 알렸다고 아무에게도 이르지 말라 하고 백부장 둘을 불러 이르되 밤 제 삼 시에 가이사랴까지 갈 보병 이백 명과 기병 칠십 명과 창병 이백 명을 준비하라 하고"(행 23:21-23).

당시의 로마는 약 30만 개가 넘는 신을 섬기는 다신교 국가였습니다. 그래서 로마는 그들이 다스리는 식민지 국가들이 섬기는 신들에 대해서는 매우 관용적이었습니다.

그러나 정치적 폭동이 일어나는 것에 대해서는 결코 관용을

베풀지 않았습니다. 때문에 예루살렘에서 일어나는 폭동을 잠재우기 위해, 그리고 로마 시민 바울을 보호하기 위해 로마는 로마 군인을 470명이나 동원했습니다.

유대인이자 동시에 로마 시민권자이였던 바울은 동족 유대인으로부터의 살해 위협에서 벗어나기 위해 로마 군대의 도움을 받았습니다.

그렇게 가이사랴에서 2년, 그리고 로마로 압송된 후 2년이 지난 시점에 사도 바울은 오히려 로마 제국에 의해 죽음을 맞이하게 됩니다.

A.D.64년 로마 시내에 대화재가 발생했는데 방화범이 끝내 잡히지 않자, 당시 로마의 황제였던 네로가 로마 대화재 사건의 방화범으로 기독교인들을 지목했기 때문입니다.

그 일로 인해 사도 바울을 비롯해 당시 초기교회 지도자들 200여 명이 순교했고, 그 후로도 로마 제국의 기독교 박해는 250년간 계속되었습니다.

〈사도행전 30년〉이 유대인들의 복음 전파 방해였다면, 〈공동서신 9권〉은 로마 제국의 박해와 영지주의를 비롯한 이단 사상들과의 선한 싸움에서 승리한 사도들의 역사라 할 수 있습니다.

사도 바울은 그렇게 로마 제국에 의해 죽음을 맞이하면서도 그의 믿음의 아들 디모데에게 다음과 같은 말을 남겼습니다. 이것이 하나님께서 들어 사용하신 하나님의 사람 사도 바울의 승리의 노래입니다.

"나는 선한 싸움을 싸우고
나의 달려갈 길을 마치고 믿음을 지켰으니
이제 후로는 나를 위하여 의의 면류관이 예비되었으므로
주 곧 의로우신 재판장이 그 날에 내게 주실 것이며
내게만 아니라 주의 나타나심을
사모하는 모든 자에게도니라"(딤후 4:7-8).

마치면서

제사장 나라, 하나님 나라 7가지 질문 요약

1. 모세5경 – 왜 모세, 여호수아, 기드온, 사무엘은 왕이 되지 않으려 노력까지 했는가?

⇒ 왜냐하면, 제사장 나라의 거룩한 시민이 되고 싶어서

- 모세 : 다단과 아비람 "네가 우리 위에 왕이 되려 하느냐." 모세가 심히 노하여 "주는 그들의 헌물을 돌아보지 마옵소서"(민 16:13-15)
- 여호수아 : 너희가 섬길 자를 오늘 택하라. 오직 나와 내 집은 여호와를 섬기겠노라(수 24:15)
- 기드온 : 내가 너희를 다스리지 아니하겠고 나의 아들도 너희를 다스리지 아니할 것이요(삿 8:23)
- 사무엘 : 그들의 말을 듣되 너는 그들에게 엄히 경고하고 그들을 다스릴 왕의 제도를 가르치라(삼상 8:9)

2. 왕정 500년 – 왜 나단, 엘리야, 이사야, 예레미야는 왕과 대립했는가?

⇒ 왜냐하면, 왕의 통치가 제사장 나라의 기준에 못 미치기 때문에

- **나단** : 나단이 다윗에게 "당신이 그 사람이라 이스라엘의 하나님 여호와께서 이르시기를"(삼하 12:7)
- **엘리야** : 엘리야를 볼 때에 아합이 "이스라엘을 괴롭게 하는 자여 너냐." 엘리야가 "내가 이스라엘을 괴롭게 한 것이 아니라 당신과 당신의 아버지의 집이 괴롭게 하였으니"(왕상 18:17-18)
- **이사야** : 여호와께서 이르시되 나의 종 이사야가 삼 년 동안 벗은 몸과 벗은 발로 다니며 애굽과 구스에 대하여 징조와 예표가 되었느니라(사 20:3)
- **예레미야** : "그 무리가 왕을 그들에게 넘기지 아니하리이다. 여호와의 목소리에 순종하소서 그리하면 왕이 복을 받아 생명을 보전하시리이다"(렘 38:20)

3. 페르시아 7권 – 왜 스룹바벨, 에스더, 에스라, 느헤미야는 동시대 동족들에게 존경받았는가?

⇒ 왜냐하면, 유대인들이 제사장 나라가 제국을 능가할 수 있다는 것을 알았기 때문에

- 스룹바벨 : 스룹바벨과 그의 형제들이 다 일어나 이스라엘 하나님의 제단을 만들고(스 3:2)
- 에스더 : 유다인을 다 모으고 나를 위하여 금식하되 밤낮 삼 일을 먹지도 말고 마시지도 마소서(에 4:16)
- 에스라, 느헤미야 : 총독 느헤미야와 제사장 겸 학사 에스라와 백성을 가르치는 레위 사람들이 모든 백성에게 이르기를 오늘은 너희 하나님 여호와의 성일이니 슬퍼하지 말며 울지 말라(느 8:9)

4. 중간사 400년 – 왜 유대인은 사두개파, 바리새파, 에세네파로 분파되었는가?

⇒ 왜냐하면, 무엇보다 마음을 잃어버린 형식주의 때문에

5. 4복음서 – 왜 예수님은 사두개파, 바리새파보다 세리, 창기를 친구로 여기셨는가?

⇒ 왜냐하면, 세리, 창기들이 예수를 믿었기 때문에

- **사두개파, 바리새파** : 화 있을진저 외식하는 서기관들과 바리새인들이여(마 23:25)
- **세리** : 예수께서 레위라 하는 세리를 보시고 "나를 따르라" 하시니 그가 모든 것을 버리고 일어나 따르니라(눅 5:27-28)
- **창기** : 모든 세리와 죄인들이 말씀을 들으러 가까이 나아오니 바리새인과 서기관들이 수군거려 이르되 이 사람이 죄인을 영접하고 음식을 같이 먹는다 하더라(눅 15:1-2)

6. 사도행전 30년 – 왜 대제사장 세력들은, 스데반, 야고보를 죽이고 바울을 30년 동안 때렸는가?

⇒ 왜냐하면, 사도들이 대제사장의 역할이 끝났다고 주장했기 때문에

- **대제사장 세력들** : 그들이 큰 소리를 지르며 귀를 막고 일제히 스데반에게 달려들어 성 밖으로 내치고 돌로 칠새 증인들이 옷을 벗어 사울이라 하는 청년의 발 앞에 두니라(행 7:57-58)

• 베드로 : 너희와 모든 이스라엘 백성들은 알라. 너희가 십자가에 못 박고 하나님이 죽은 자 가운데서 살리신 나사렛 예수 그리스도의 이름으로 이 사람이 건강하게 되어 너희 앞에 섰느니라(행 4:10)

• 바울 : 유대인들에게 사십에서 하나 감한 매를 다섯 번 맞았으며 세 번 태장으로 맞고 한 번 돌로 맞고 세 번 파선하고 일 주야를 깊은 바다에서 지냈으며(고후 11:24-25)

7. 공동서신 9권 – 왜 로마는 470명의 군인들을 동원해 바울을 경호해주다가 죽였는가?

⇒ 왜냐하면, 로마 대화재 사건의 범인으로 기독교를 지목했기 때문에

• 470명 : 백부장 둘을 불러 "밤 제 삼 시에 가이사랴까지 갈 보병 이백 명과 기병 칠십 명과 창병 이백 명을 준비하라" (행 23:23)

• 바울 : 나의 떠날 시각이 가까웠도다(딤후 4:6)